KB119664

소년少年, 어른이 되다

역사가 된 7인의 청춘 분투기

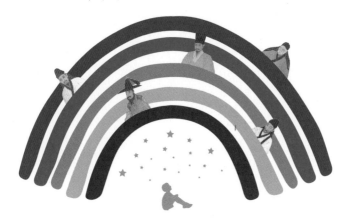

소년少年,
어른이 되다

설흔 지음

위즈덤하우스

들어가는 글

세상의 모든 소년에게

나는 소년이라는 단어를 무척 좋아한다. 몇 년 전에는 《소년의 고고학》이라는 책도 낸 바 있다. 출판사에서 붙인 제목이지만 내 마음에도 쏙 들었다. 이유는 하나, 소년이라는 단어를 사랑하기 때문이다.

소년이 들어간 최고의 제목은 단연 〈해에게서 소년에게〉일 것이다. 최남선이 1908년에 발표한 신체시를 떠올리는 분은 몇 안 되리라 믿는다. 당연히 고故 신해철 님의 노래다.

이 글에 등장하는 소년들 또한 신해철 님이 노래한 소년과 비슷하다. 높다란 벽이 소년들 앞을 가로막고 있다. 벽의 구성은 조금씩 다르다. 어떤 소년은 가족의 죽음 앞에 서 있고, 또 어떤 소년은 무시와 차별 앞에 서 있고, 또 어떤 소년은 무기력한 자신 앞에 서 있기도 하다. 구성은 달라도 벽은 벽이니 결국은 넘어서지 않으면 안 된다. 망치로 부수든, 뛰어넘든, 우회하든, 어떤 방법을 써서라도 넘어서지 않으면 안 된다. 어른이 된다는 건, 결국은 벽을 넘어서는 일이므로. 옛날 소년들이라고, 근본부터 잘난 소년이었다고 딴지를 걸 수도 있겠다. 예나 지금이나 벽은 여전하며, 잘났다는 건 결과론적 해석이라고 답하고 싶다. 성공한 소년의 삶은 영웅담으로 바뀌기 마련이기에. 긍정적으로 해석하자. 우리 앞에 선 소년들은 예비 영웅 후보들이다!

글의 성격을 고려해 인용문은 때론 과감히 바꾸었다. 인용처는 따로 밝히지 않았고, 마지막에 참고문헌만 수록했음을 밝힌다.

마지막으로 미니 상식 하나만 더 제공한다. 최남선의 〈해에게서 소년에게〉는 잡지 《소년》 창간호(1908년)에 실린 작품이다.

2021년 6월

설 혼

차례

1장

홀로 바다를 건넌 소년

_868년, 최치원

868년 어느 봄날(기록에는 어느 계절에 떠났는지 정확하게 나와 있지 않다. 우리는 이른 봄이라 여기기로 한다), 신라의 12세 소년 최치원은 배를 타고 당나라로 향했다. 시종 한 명만 거느린 단출한 여행길이었다. 떠나기를 꺼리듯 하품하며 느릿느릿 출발했던 배는 좌우로 몸을 한 번 흔들어 정신을 차리고는 속도를 냈다. 봄꽃처럼 또렷하던 항구와 이슬비처럼 눈에 물기를 머금은 채 배웅하던 사람들의 모습은 조금씩 흐려지다가 마침내 사라졌다. 그들의 흔적이 다 사라진 건 아니었다. 여리면서도 곧은 목소리 하나만큼은 벌이 되어 치원의 곁을 맴돌았다.

"반드시 십 년 안에 과거 급제해 진사가 되어야 한다."

아버지 최견일의 목소리였다. 말수가 적고 온화한 성품으로 유명했다. 그러나 항구에서 아버지는 전혀 다른 사람이었다. 아버지는 그것으로는 부족하다고 여겼던지 이렇게 덧붙였다.

"만일 그렇지 못하면……."

아버지는 치원의 손을 잠시 잡았다가 놓았고, 치원의 얼굴이 아닌 바다를 보며 말했다.

"너는 내 아들이라고 말해서는 안 된다. 나 또한 아예 자식이 없었다고 생각하며 살겠다."

아버지의 뜻을 거스른 적이 없는 치원은 여느 때처럼 네, 라고 씩씩한 목소리로 답하고 싶었다. 마음과는 달리 대답은 곧바로 나오지 않았다. 치원이 머뭇거리는 동안 아버지는 처음이자 마지막으로 빙긋 웃고는 그의 어깨를 살짝 잡았다.

"게으름 부리지 말고 부지런히 공부하고 또 공부해야 한다. 그것만이 네가 살아남을 유일한 길이다."

갈매기들과 함께 날아온 바람이 발톱처럼 날카롭게 얼굴을 할퀴었고, 바닷물이 요동치듯 튀어 얼굴을 쳤다. 치원은 손등으로 얼굴을 닦고는 눈을 감았다. 아버지와 어머니와 형제들의 얼굴을 머릿속으로 그려보려 애썼다. 하루도 빼놓지 않고 늘 보았던 얼굴들은, 생의 마지막까지 늘 곁에 머물러 있을 줄 알았던 얼굴들은 벌써 희미해졌다. 그들에 대한 기억 또한 신라에만 머물기로 마음먹은 것처럼 희미해지고 또 희미해졌고, 국경을 넘은 순간 신기루처럼 돌연 사라졌다.

＊

소년 치원은 857년 경주에서 태어났다.《삼국유사》에 따르면 치원의 옛집은 황룡사 남쪽에 있었다고 한다. 그가 태어난 장소를 정확히 알 수는 없다. 태몽은 전해지지 않으며, 12세 이전 치원에 대한 기록도 무척 희귀하다.《삼국사기》 열전에 실린 단 한 줄의 문장이 전부라고 해도 과언은 아니다.

치원은 어려서부터 정밀하고 민첩했으며 학문을 좋아했다.

귀한 기록이기는 하나 치원에 대해 알려주는 바는 별로 없다. 치원 개인의 특징이라기보다는 똑똑하고 공부 잘하는 소년들의 공통적인 특징, 다시 말하자면 진부하고 의례적인 문장에 더 가깝다. 그러나 훗날 치원이 당나라에서 공부하던 시절을 회상하며 남긴 글을 보면—역시 개성보다

는 상투적인 비유가 넘치는 글이기는 해도—《삼국사기》의
문장이 완전한 거짓은 아님을 확인할 수 있다.

저는 (아버지의) 지엄하신 말씀을 마음에 새겨 잠시도 잊지
않았습니다. 상투를 대들보에 걸어 매고 송곳으로 허벅지
를 찔러가며 조금도 게으름을 피우지 않았습니다.

우리 같은 보통 사람의 머릿속에는 '에이 설마 그랬을까'
하는 생각이 제일 먼저 떠오를 것이다. 인터넷으로 얻은 얄
팍한 상식이 차고 넘치는 우리는 당연히 치원이 진짜로 상
투를 대들보에 고정하고 송곳으로 신체를 마구 훼손했으
리라고 믿지는 않는다. 상투, 송곳 운운하는 내용은 사실
고사에서 가져온 것이다. 한나라의 손경은 자꾸 자리를 뜨
는 습관을 막기 위해 상투를 대들보에 걸어 매고 공부했다
고 전해진다. 진나라의 소진은 밀려오는 잠을 쫓기 위해 송
곳으로 허벅지를 찌르며 공부했다고 전해진다. 옛날 사람
들은 이상한 쪽으로 무서운 구석이 있었다!

이러저러한 정황을 고려해 보면 치원의 진심은 '조금도
게으름을 피우지 않았다'는 자부심 가득한 문장 속에 들어
있다고 보는 것이 옳겠다. 치원은 남이 백 번 공부하면 자

신은 천 번을 공부했다는, 역시 우리 같이 유유자적, 쉬엄쉬엄을 최고의 미덕으로 아는 평범한 이들에게는 무척 거슬리는 말도 남겼다. 이렇듯 자신을 학대 수준으로 몰아가며 열심히 공부한 이유는 오직 하나였다. 아버지의 명령을 지키기 위해. 아무래도 소년 치원은 정말 대단한 효자였던 모양이다!

소년 치원처럼 열심히 공부해 본 적이 단 한 번도 없는 나로서는, 못난 사람들이 흔히 그렇듯 치원의 로봇처럼 철저한 명령 수행이 전혀 마음이 들지 않는 나로서는, 왠지 자꾸만 카프카의 못된 아버지를 떠올리게 된다.

어느 날 밤, 어린 카프카는 목이 말라 자리에서 일어났다. 다른 아이들이 그렇듯 아버지에게 달려가 물을 달라고 칭얼거렸다. 잠을 방해받아 화가 잔뜩 난 카프카의 아버지는 물을 주는 대신 속옷 바람의 카프카를 복도로 끌고나간 후 한참을 세워놓았다. 이후 카프카가 다시는 아버지에게 뭘 해달라고 조르지 않았음은 당연한 일이겠다. 훗날 카프카가 작가가 된 것은 어린 시절 이 무서운 체험 때문이라고 나는 확신한다. 카프카는 이렇게 썼다. "저는 아버지를 생각하며 글을 썼답니다. 저는 평소에 직접 아버지 가슴에다 대고 원망할 수 없는 것들을 마구 털어놓았지요."

카프카까지 동원한 이유는 간단하다. 나는 못난 데다가 의심까지 많은 사람이라 소년 치원이 효자였기 때문에 아버지의 명령대로 공부, 또 공부만 하며 보냈으리라고 절대 믿지 않는다. 생각해 보자. 과거의 소년들이 나이에 비해 성숙했다고는 해도 결국은 12세 소년이다. 친구들과 노는 걸 좋아하고 형제들과 가끔 주먹다짐도 벌이고 가족의 따뜻한 관심 속에서 책 한 장 한 장을 큰 소리로 자랑스럽게 읽어갈 나이다. 요약하자면 웃고 떠들고 사고 치고 혼나고 칭찬받아야 마땅할 나이.

그런데 하루아침에 어린 시절을 회수당한 채 과거 급제라는 도무지 현실 세계의 것으로 느껴지지 않는 단 하나의 추상적인 목표에만 일생을 바치라고, 그것도 가족과 떨어져 외국에서 혼자 살며 이루라는 명령을 받은 소년의 마음이 과연 아무런 동요 없이 기계처럼 냉정하게 움직였을까? 그렇지 않았을 것이다. 소년 치원이 아무리 착한 아이였더라도 그의 마음에는 분명 카프카 같은 원망이(혹은 다른 형제들 말고 왜 내가, 하는 존재론적 의문이) 수시로 떠올라 그를 괴롭혔을 것이다. 그러므로 나는 아버지에 대한 원망과 미움이 오히려 공부의 동력이 되었다고 주장하고 싶다. 아버지에 대한 원망을 글로 써 위대한 작가가 된 카프카처럼 소년 치원은 아버지에 대한 증오를 연료 삼아 과거를 준비한 것이다.

치원의 아버지 최견일을 비난하는 건 절대 아님은 밝혀둔다. 치원은 왕실 전용 사찰 건립을 주도하는 등 사회에서 꽤 존경받는 위치에 있었던 사람 같다. 무엇보다도 치원의 아버지가 자식 덕을 보기 위해 아들을 조기 유학시킨 것은 아니었다. 치원의 가문은 육두품이었다. 우리의 짧은 역사 지식을 동원하면 육두품은 상류층에 속한다. 그렇다. 육두품은 신라에서 왕족인 진골 다음가는 고귀한 신분이었으며 치원이 나중에 쓴 글에서 '얻기 어렵다'는 뜻을 지닌 "득난得難"이라고 표현했을 만큼 높은 신분이었다. 그러나 국가를 운영하는 최상위 관직에는 진출할 수 없게 되어 있는 등 진골을 보조하는 역할만 담당하는 한계 또한 분명히 존재했다. 《삼국사기》에는 역시 육두품이던(본문에는 명문의 자손이라고 되어 있으나 설씨가 신라를 세운 여섯 성씨의 하나임을 감안하면 육두품이 분명하다) 설계두에 대한 이야기가 실려 있다. 설계두는 친구들과 이야기를 나누면서 신라 사회에 대한 불만을 자주 터뜨렸다.

"신라에서는 사람을 쓸 적에 골품을 따지고 든다. 그 골품의 계통이 아니면 비록 큰 재주와 뛰어난 공이 있더라도 도무지 그 한계를 벗어날 수 없다."

설계두는 능력만 있으면 누구라도 성공할 수 있다고 알려진 기회의 제국 당나라로 갔고, 당나라 군인이 되어 고구려와의 전쟁에 참여했다가 목숨을 잃었다. 과거 급제 후 최치원이 절도사 고변 밑에서 일하게 되었다는 사실을 생각해 보면 비록 수백 년의 시차는 있어도 둘의 행보가 꽤 비슷한 것이 인상적이다.

또 하나, 치원 당시 신라는 화랑도로 무장되었던 전성기의 활력 넘치던 나라가 아니었다. 정점을 넘어 쇠퇴 곡선으로 진입한 사회는 혼란스러웠다. 정치가들은 예나 지금이나 똑같아서 오히려 혼란만 부추겼다. 왕권을 이미 넘어서기 시작한 귀족들의 눈에 들거나 엄청난 재력을 동원하지 않고서는 가진 자리를 보전조차 할 수도 없는 상황이었다. 그랬기에 치원의 아버지는 결단을 내린 것이었다. 신라에서 유일하게 인정하는 당나라 과거 급제라는 빛나는 자격증만이 치원의 앞날을 등불처럼 밝힐 수 있다는 것을. 한 발이라도 앞서는 게 성공의 지름길이니 이왕 떠날 거면 남보다 이른 나이에 유학을 시도해야 한다는 것을.

집안 대표로 선발될 만큼 똑똑했던 소년 치원 또한 아버지의 뜻은 파악했을 것이다. 그렇다고 원망이 없었다고 결론 내릴 수는 없다. 이성과 감성은 한 사람에 속한 것이지만 때로는 타인보다도 먼 법이다. 나는 아버지에 대한 사랑과 미움이라는 양가감정이 번갈아가며 나타나 치원을 때로는 독려하고 때로는 괴롭혔으리라 믿는다. 치원이 대들보와 송곳을 도구로 이용해 어지러운 마음을 다잡았던 건 이미 앞에서 말한 바 있다. 정말로 대단한 건, 그 쉽지 않은 여건 속에서도 치원이 결국 뜻을 이뤘다는 사실이다. 치원은 아버지가 혈연관계를 끊겠다고 위협한 10년보다 4년이나 빠른 874년, 18세의 나이로 당나라 과거에 급제해 진사의 꿈을 이루었다. 치원의 중국인 친구 고운이 쓴 시를 소개한다.

> 십이 세에 배 타고 바다를 건너와서
> 문장으로 중화의 나라를 마구 흔들다가
> 십팔 세에 거리낌 없이 사원에서 힘을 겨루어
> 화살 한 발로 과거에 곧바로 급제했네.

《삼국사기》에는 치원보다 나이가 24세나 많은 중국 시인 나은이 치원의 시를 보고 감탄했다는 내용도 등장한다. 나은은 다른 사람의 시를 인정하지 않는 유아독존적인 꼰

대 기질로 유명했다고 한다. 그런 나은이 인정했다? 그렇다면 그건 치원의 시 짓는 솜씨며 문장이 중국 사람들과 맞먹거나 능가했다는 뜻이다.

치원의 대단한 성취를 강조하기 위해 하나 더 말하자면 우리는 흔히 치원이 외국인만 응시하는 빈공과라는 이름의 과거에서 급제했다고 알고 있다. 그런데 최근의 연구에 따르면 이는 사실이 아니라고 한다. 당나라에서는 빈공과가 시행된 적이 없다는 것이다. 치원이 빈공과 출신으로 알려진 이유는 과거에 합격한 외국인들을 '빈공진사'라고 불렀기 때문이라고 한다. 나의 어쭙잖은 역사 실력으로 그 당시 당나라에 빈공과가 있었는지 없었는지 증명할 방법은 없다. 다만 우리의 주인공 소년 치원의 성취를 더욱 빛나게 하기 위해서는 중국인들과 함께 응시한 정규 과거 출신이라는 배경이 더욱 적합하겠다.

이렇게 해서 소년 치원은 아버지의 아들 자격을 유지하는 데 성공했을 뿐 아니라 공식적으로 고국으로 돌아올 자격을 획득하게 되었다. 하지만 치원은 당장 돌아오지 않았다. 그의 실력을 인정한 당나라에서 율수현위라는 이름의 현직을 마련해주었기 때문이다. 율수현위는 율수현의 위라는 뜻이다. 율수현은 지금의 장쑤성 난징시의 일부인 곳으로, 위는 도둑을 잡고 죄수를 다루는 관직이라고 한다. 현위는 종9품으로 이름에서 풍기듯 고위 관직은 아니었으나 당나라에서 외국인에게 이 지위를 준 적은 거의 없었다고 하니 치원으로서는 영광스러운 성취였다.

대국인 당나라에서 현직 경험을 쌓고 귀국하는 것이 금의환향이라는 말에도 어울리고 향후 신라에서 일자리를 잡는 데도 도움을 줄 테니 치원의 선택은 충분히 이해할 만하다. 그런데 치원은 작은 성취에서 만족하지 않았다. 어렵게 얻은 율수현위를 그만두고 대과인 박학굉사과에 도전한 것이다. 종남산에 들어가 고시생처럼 공부에만 매진한 치원에게 또 다른 역경이 닥쳤다. 관리 생활을 하며 모아놓았던 돈이 다 떨어진 것이다. 치원은 고민 끝에 과거 공부를 포기하고 회남 절도사 고변에게 스스로를 추천해 그의 휘하로 들어가게 된다.

보통은 간과되는 지점이지만 우리는 가난 때문에 과거 공부를 포기했다는 이 부분에 주목해야만 한다. 관리 생활을 하면서 모아놓았던 돈이 다 떨어졌는데 곧바로 미래를 걱정했다는 건 집에서 오는 후원은 어느 시점에서는 이미 끊겼다는 말이 될 것이다(이 시기 쓴 것으로 추정되는 시에 "돌아감이 좋을 줄 잘 알지만 / 돌아간들 내 집은 가난하구나"라는 구절이 있다). 그렇다면 어느 정도의 생활이 보장된 율수현위를 그만두고 대과에 도전한 건 치원의 처지에서는 처음부터 무리였던 건 아닐까 하는 생각을 해볼 수 있다. 그렇다면 신라로 돌아오는 게 낫지 않았을까? 그럴 수는 없었다. 치원으로서는 절대!

자료가 전혀 없는 까닭에 아버지에 대한 사랑과 미움이라는 양가감정을 뻔뻔하게 다시 증거로 내민다. 아버지가 생각했던 것보다 더 많은 성취를 이룰 수 있다는 것을 보여주기 위한 소년 치원의 마음이 작용했기 때문이라고 설명하면 무리일까? 이후 치원의 선택 또한 흥미롭다. 고변에게 스스로를 추천했다는 점이다. 절대 신라로 돌아갈 수는 없다고 생각했기 때문일 터. 그 배경에는 12세 때부터 성공 하나만을 꿈꾸며 외국에서 홀로 살아온 소년 특유의 분개와 의지가 분명히 작용하고 있다고 나는 믿는다.

치원이 고변 휘하에서 이룬 성취는 잘 알려져 있다. 치원은 고변의 문서를 작성하는 임무를 담당했다. 황소가 반란을 일으켰을 때 치원이 황소에게 항복을 권하며 썼던 문장은 글을 읽던 황소를 의자에서 떨어지게 만들었을 정도로 매서웠다고 한다.

천자께서는 너의 죄를 용서하는 은혜를 베푸셨다. 너는 나라에서 받은 은혜를 배신하는 죄를 지었으니 마땅히 죽을 날이 얼마 남지 않았다. 그런데 도대체 어떻게 된 인간이기에 하늘을 두려워하지 않느냐?

우리가 보기에는 뭐 이런 글에 놀라 자빠졌나 싶기도 하다. 아마 황소에게도 황소 나름의 사정의 있었겠지. 어쨌든, 이 글 한 편으로 치원은 자신의 이름을 알렸고 이름이 꽤 복잡한 관직(예를 들면 도통순관 승무랑 전중시어사 내봉공) 등을 역임하며 885년까지, 그러니까 무려 17년 동안이나 당나라에 머물다가 29세에 신라로 돌아오게 된다. 치원의 귀국이 자의였는지 타의였는지 가리기가 쉽지는 않다. 더 머물기에 여건이 좋지 못하기는 했다. 상사였던 고변이 정치적 위기를 겪고 있었으며 당나라 또한 상당한 혼란기여서, 반란이 끊임없이 일어났다. 대결하듯 하루하루를 살았던 소년 치원 또한 이즈음에는 상당히 지쳐 있었던 것으로 보인다.

길은 하늘 끝 아스라한데 시름 속에 늙어가니
바다 너머 고향 집 꿈에나 돌아갈까.

아, 이 몸은 봄날의 제비인 걸까?

단청 그린 높은 집에 다시 와 노닌다.

　제비가 되어서라도 돌아가고 싶다는 고백이 눈에 들어온다. 이 정도 마음이라면 귀국은 시간문제일 터. 과연 그랬다. 외로움과 싸우고 또 싸우던 치원은 885년 어느 봄날 신라로 돌아온다. 아버지가 항구에서 기다리고 있었는지는 확실치 않다. 아버지에 대한 기록은 전혀 존재하지 않으므로. 훗날 함께 가야산에서 놀았다는 승려 형들이 나와 있었을 가능성은 충분히 있다. 치원의 마음이 가장 기뻤던 건 신라 땅을 밟았던 순간이 아니라 신라가 아스라이 보이는 배 안에서였던 것이다. 치원은 아버지가 못 박은 연한인 10년보다 4년이나 빠른 6년 만에 당나라 과거에 급제했고 관직을 역임했으며 문장으로 이름을 떨쳤다. 떠날 때는 앞날이 확실하지 않은 육두품 12세 소년이었으나 귀국할 때는 당나라에서 활약상을 어깨에 두른 29세 치원으로 환골탈태했다. 당나라에서 떠나기 전에 지었던 시를 보면 귀국하는 그의 마음을 어느 정도 읽을 수 있다.

　　다행히 봄바람이 돌아갈 길 맞아주면

꽃피는 좋은 시절 고국에 닿겠지.

봄바람이니 꽃이니 하는 단어가 단순히 계절만을 의미하지는 않을 것이다. 신라에서 앞날을 두근두근하는 마음으로 기다리는 그의 상태가 드러나 있다고 보는 게 옳겠다. 그렇다면 29세 소년 치원은 신라에서 어떤 나날들을 보냈을까?

돌아온 이듬해인 886년에 헌강왕에게 바쳤다는《계원필경집》이라는 문집 이야기를 먼저 하고 넘어가야겠다. 계원은 계수나무 정원, 필경은 붓으로 밭을 이뤘다는 뜻이니 매일매일 글을 써서 아름다운 결실을 맺었다는 정도로 해석하면 되겠다. 치원의 표현을 그대로 옮기면 '부족한 글들이라 오리나 참새에게도 부끄러우나 이미 밭 갈고 김매듯 마음을 파헤친 것들'이다. 오리와 참새를 언급한 점이 재미있다. 오늘날 우리가 당나라에 머물던 시절 치원의 마음을 생생하게 느낄 수 있는 건 이 문집 덕분이라는 사실을 밝혀둔다.

임금이 되어 받기만 하고 주지 않을 수는 없는 일, 헌강왕은 역시 이름이 무척 복잡한 관직(시독 겸 한림학사 수 병부시랑 지서서감사)을 치원에게 하사한다. 이 시절 치원의 글들로 볼 때 임금 곁에서 자문하거나 외교 문서를 비롯한 여러 공적인 문서를 책임지고 썼던 일을 하지 않았나 싶다. 신라 사람들도 황소에게 보내는 격문은 다 읽었을 테니. 그러나 결론부터 말하자면 치원은 가문의 바람이었던 육두품의 한계를 여전히 벗어나지 못했다.

진성여왕 시절 '시무십여조'라는 내용이 전해지지 않는 개혁안을 올려 육두품이 오를 수 있는 최고의 관직인 아찬에 오른 것이 전부였다. 치원은 외면받지는 않았지만, 그렇다고 크게 쓰이지도 못했다. 그도 그럴 것이 당시 신라는 떠나온 당나라보다 더 혼란스러운 상태였기 때문이다. 치원은 어느 비문에서 당시의 상황을 이렇게 썼다.

당나라에서 벌어진 병兵과 흉凶 두 가지 재앙이 서쪽 당에서는 멈추었는데, 동쪽 신라로 옮겨왔다. 험악함의 정도는 더욱 심해졌다. 굶어서 죽고 전쟁으로 죽은 시체가 들판에 별처럼 흐트러졌다.

신라는 이미 조각나고 부서진 나라나 마찬가지였다. 희망은 있었을까? 지방 호족들의 세력이 날로 강성해져 나라의 근간이 흔들리는데도 귀족들은 개혁을 호소하는 치원의 말에 귀를 기울이기는커녕 자신들을 위협할 사람으로 취급하며 경계의 눈초리를 늦추지 않았다. 결론적으로 말해, 치원이 기대했던 봄바람은 신라에는 아예 불지도 않았던 것이다. 신라에서 겪은, 당나라보다 더한 외로움의 증거는 우리 모두 읽은 적이 있는 그의 대표작에도 잘 드러나 있다.

가을바람에 괴로이 시를 읊는다.
세상엔 날 알아주는 친구가 없다.
창밖은 깊은 밤, 비가 내린다.
들불 앞 내 마음은 만 리 먼 곳에.

'날 알아주는 친구가 없다'는 고백이 가슴을 아프게 한다. 꿈에도 그리던 신라로 돌아왔는데 지금 치원은 오히려 떠나온 당나라를 그리워하는 믿기지 않는 상황에 몰려 있다. 12세 때보다 더한 위기라고 해도 과언은 아니다. 그러나 치원은 치원이다. 지금까지 그의 삶의 여정으로 볼 때 치원이 그냥 버티고 앉아서 이 난국을 견뎠을 리는 없다. 치원은 무작정 참고 견디는 스타일은 결코 아니었다. 치원은 진성여왕이 물러나자 관직을 내놓은 뒤 세상을 떠돌기 시작했다. 42세에서 44세경으로 추정하니 신라에 돌아온 지 겨우 10여 년 만이었다. 당나라에서도 17년을 꿋꿋하게 버텼던 치원이었음을 생각해 보면 신라는 참으로 모진 겨울바람이 부는 곳이었다.

이후 치원은 유람객이 되어 전국을 떠돈다. 그 덕분에 우리나라 곳곳에는 치원이 들렀다는 설화와 지명이 지금까지도 남아 있다. 셀 수 없이 많은 까닭에 몇 군데만 예를 들어본다. 치원은 지리산 쌍계사에서 머무르며 글을 읽었다고 한다. 뜰에 있는 괴목은 치원이 심은 것이며, 문처럼 마주선 두 개의 바위에 새겨진 쌍계석문이라는 글씨는 치원이 쓴 것이다. 안동의 청량산에는 치원봉과 치원암이 있다. 치원이 머무른 흔적이다. 양산 황산강에는 치원대가 있다. 치원이 걸으며 노닐었다고 한다. 해운대에는 치원이 누대를 쌓은 흔적이 남아 있다. 경주 금오산에는 상서장이 있는데 치원이 시무십여조를 쓴 곳이라 이런 이름이 붙었다.

치원의 흔적이 가장 많이 남은 곳은 마지막까지 머물렀던 가야산이다. 치원은 친형들인 현준, 정현사 스님과 함께 해인사에서 지냈다고 한다. 가야산에는 치원촌이라는 동네가 있으며, 홍류동, 자필암, 취적봉, 광풍뢰, 제월담 등은 모두 치원이 지은 이름이라고 한다. 가야산에 가보지는 못했지만, 사실이라면 가야산은 그야말로 치원의 앞 동네라고 할 만하다. 치원의 가야산 생활을 잘 보여주는 시 한 편이 있다.

바위 사이로 콸콸 치달리며 온 산에 소리쳐
지척에 있는 사람 말도 못 알아듣겠네.
시비 다투는 소리 들려올까 걱정되어
짐짓 흐르는 물로 산을 감쌌네.

웅장한 물소리가 세상의 시비 다투는 소리를 다 막아준다는 것이다. 치원이 가야산 생활에 만족했음을 알 수 있다. 세상에선 치여 살다가 가야산에서는 산신령처럼 살았던 치원이 언제 세상을 떠났는지는 아무도 모른다. 지극히 치원다운 이야기 하나만이 남아 있을 뿐이다.

세상에서 전하는 말에 따르면, 치원이 가야산에 숨어 살다가 어느 날 아침 일찍 일어나서 집을 나갔다고 한다. 갓과 신발만 숲속에 남겼을 뿐 어디로 갔는지 알 수 없었다고 한다.

치원의 최후에 대한 또 다른 이야기가 있다. 조선 후기, 전라도 관찰사로 부임한 서유구는 아마 치원의 광팬이었던 모양이다. 그는 치원의 흔적을 샅샅이 조사한 끝에 충청도 홍산의 극락사 뒤편에 치원이 묻혔다는 사실을 찾아냈다.《계원필경집》을 다시 간행한 이가 바로 서유구이며《임원경제지》라는 실학 정신으로 가득한 책을 써낸 사람임을 감안할 때, 독서광, 연구광, 기록광이었음을 생각할 때 아마도 이쪽이 사실에 더 가까울 가능성이 높다. 그러나 우리는 치원이 죽지 않고 사라졌다는 쪽을 택하기로 한다. 왜냐고? 그쪽이 더 치원답으니까.

치원의 마지막 모습은 내 생각에는 신라를 떠나던 그날과 너무도 흡사하다. 배를 타고 떠난 대신 스스로 배가 되어 세상을 떠난 것이 다를 뿐. 과연 신발을 벗어놓고 떠난 치원이 다다른 곳은 어디일까? 고통이 없는 이상향에 그는 도달했을까? 이제 치원의 시 한 편으로 마무리를 하려 한다. 딱 치원다운 작품이다.

푸른 바다에 배 띄우니
긴 바람 만 리에 통하네.
뗏목 탔던 한나라 사신 생각나고

불사약 구하러 간 진나라 동자 떠오르네.

해와 달은 허공 밖에

하늘과 땅은 태극 속에.

신선 사는 봉래산이 지척

나 또한 신선 노인을 찾아야지.

2장

과거에 거듭 실패한 소년

_1183년, 이규보

1183년 5월의 어느 밤, 16세 소년 이규보는 좀처럼 잠을 이루지 못했다. 자리에 누운 뒤 한참이 지났음에도 아버지의 말 없는 힐난이 계속해서 귓가를, 머릿속을 떠나지 않았다. 아버지가 한바탕 잔소리라도 한 바가지 퍼부었더라면, 회초리로 종아리라도 세차게 때렸더라면 원망과 통증을 친구로 삼아 숙면할 수 있었을 것이다. 아버지는 전략가였다. 고문의 명수였다. 아버지는 규보와 마주한 한 시간 내내 아무 말도 하지 않았다. 규보와 방문 사이 어느 지점이 고려를 도륙한 오랑캐의 거주지라도 되듯 노려보고 또 노려보며 시간을 보냈을 뿐. 길었던 묵언 수행은 자리에서 일어나며 마지못해 내뱉은 아버지의 한 마디로 끝이 났다.

"애썼다."

애썼다, 마음과 힘을 다해 무엇을 이루려고 힘을 썼다는 뜻이다. 문자 그대로 받아들이면 그동안의 고생에 대한 위로, 내지 격려다. 그러나 사람과 사람 사이에 오간 대화를 해석하는 데에 문장과 단어의 사전적 의미 못지않게 중요한 건 화자의 표정과 감정일 터, 그 말을 하는 아버지의 얼굴은 붉었고, 수염은 유난히 뻣뻣했다.

아들만큼 아버지의 표정에 민감한 사람은 없다. 게다가 규보는 외아들이었다. 붉은 얼굴과 뻣뻣해진 수염, 그건 아버지의 속이 많이 상했다는 뜻이었다. 가슴까지 차오른 화가 터져 나오지 않도록 억지로 누르고 있다는 뜻이었다. 800여 년 전의 사정을 정확히 알 수 없는 우리로서는 부자사이에 발생한 이 날카롭고 무거운 감정 대치 상황을 제대로 이해하기 위해 다음과 같은 질문을 던지는 게 마땅하겠다. '그날 낮에 발생한 것이 분명한, 부자 사이를 얼음보다 더 냉랭하고 타인보다 더 불편하게 만들었던 사건은 도대체 무엇이었을까?'

당장 질문에 답하기에 앞서 우리의 주인공 소년 규보의 16년 삶을 요약해서 펼쳐보는 것이 올바른 순서겠다. 무엇보다도 규보는 800여 년 전 고려라는, 신라와 조선 사이에 버젓하게 자리 잡고 있으면서도 그 나라에 대해 구체적으로 아는 걸 말해보라는 요청을 받으면 '글쎄요, 인삼과 왕건과 개성 정도' 하고 무지를 총체적으로 고백할 수밖에 없는, 일견 잘 아는 것 같으면서도 실제로는 완전히 낯선 나라나 다름없는 세상에 살았던 사람이니까.

규보는 1168년 12월 16일, 아버지 이윤수와 김이라는 성으로만 알려진 어머니 사이에서 태어났다. 본관은 황려, 지금의 여주였으나 아버지가 문과에 급제한 관리였음을 감안하면 탄생지는 왕도인 서울, 즉 개성이었을 가능성이 높다. 위대한 인물의 경우 흔히 따라붙곤 하는 신비한 태몽 같은 것은 존재하지 않는다. 실망하기엔 이르다. "태어난 지 석 달 뒤"라는 문장으로 시작하는 이야기 하나가 태몽의 자리를 대신 차지하고 있으니. 이규보를 이해하는 데 제법 중요한 이야기이므로 전체를 다 소개한다.

태어난 지 석 달 만에 규보의 몸에 나쁜 종기가 퍼졌다. 신통하다는 여러 가지 약을 써도 낫지 않았다. 제기랄, 어떻게 내 아이에게 이런 일이 일어날 수가 있지? 화가 잔뜩 난 이윤수는 사당을 찾아가 점을 쳤다. 산다는 점괘가 나왔다. 기분이 조금 나아진 이윤수가 이번에는 어떤 약을 써야 할지에 대해 다시 점을 치자 약을 쓰지 않아도 저절로 나을 것이라는 답을 얻었다. 점괘를 믿고 약을 중단하기는 했으나 아이의 상태는 그다지 좋아지지 않았다. 온몸이 헐고 터져서 얼굴을 알아보기도 힘들었다. 그래서 유모는 늘 양쪽 어깨에 흰 가루를 뿌린 다음에 안고 다녔다. 유모가 어린 규보를 안고 문밖에 나갔던 어느 날이었다. 어떤 노인이 지나가다가 규보를 흘낏 보며 말했다.

"천금같이 귀한 아이인데 왜 이렇게 내버려 두는 것이오? 잘 보호하시오."

유모가 집으로 돌아와 이윤수에게 노인의 말을 알렸다. 이윤수는 노인을 귀인으로 여기고 사람을 보내 뒤를 쫓았다. 길이 세 갈래라 세 사람을 보냈으나 이미 노인은 흔적도 없었다.

흥미로운 이야기이기는 하나 신통방통하고 기이한 수준까지는 아니다. 요약하면 어린 규보가 악성 종기로 생사를 넘나들다 살아났다는 것, 지나가던 노인이 아이의 상태를 보며 혀를 끌끌 차고는 귀한 아이니 잘 보호하라는 말을 남겼다는 것이다. 우리가 보기엔 오지랖이 넓은 노인들 특유의 유별난 관심 표명 이상으로는 보이지 않는 말에 아버지 이윤수가 취한 행동이 흥미롭다. 노인을 귀인으로 여기고 사람을 보내 찾았다는 것이다. 외아들 규보의 성공을 열망했던 아버지의 마음을 읽을 수 있는 대목이다.

만약 노인을 찾았다면 과연 규보에 대해 어떤 이야기를 더 들려주었을까? 규보가 장래에 얻을 부와 명예의 구체적인 수치까지도 언급해 주었을까? 무의미한 가정이다. 노인은 이미 사라지고 없었으니까. 세 갈래의 두 배, 세 배인 여섯, 혹은 아홉 사람을 보냈어도 마찬가지였으리라. 노인을 만났다면 이 이야기는 도리어 후세에 전해지지 않았을 것이므로. 귀인이란 추적되지 않는, 추적되어서는 안 되는 인물인 법이므로.

노인의 예언 아닌 예언대로 규보는 '천금같이 귀한 아이'의 자질을 보였다. 두 살 규보는 장난감 대신 책을 펼쳐보며 놀았고—'책 말고는 장난감이 없었던 건 아닐까' 하고 삐딱하면서도 개연성 높은 가정으로 상황을 냉정하게 읽는 것도 나쁘지 않겠다—손가락으로 글자를 짚으며 책 읽는 흉내를 냈다. 책 읽는 아버지를 둔 아이들의 흔한 행동이 분명한 이 독서 모방 행위에 이윤수는 크게 기뻐하며 이렇게 말했다고 한다.

"이 아이는 문학에 종사하겠구나."

동전을 갖고 노는 아이에게 장사꾼 아버지가 '너는 거부가 되겠구나' 하고 감탄했다는 말과 크게 달라 보이지 않는다. 당사자가 아닌 우리의 눈으로 볼 때 두 개의 일화에서 정확히 읽을 수 있는 사실은 문학에 대한 규보의 천재성이 아니라 하나뿐인 아들에 대한 이윤수의 단순할 정도로 직선적인 기대다.

집안의 평화를 위해서는 천만다행히도 규보는 아버지의 큰 기대에 부응하는 뛰어난 퍼포먼스를 펼쳤다. 9세 때부터 글을 지어서 '기동奇童'이라는 소리를 들었고, 유교책, 역사책, 불교책, 도교책 등 장르를 가리지 않고 저돌적으로 읽어나가 아버지를 기쁘게 했다. 규보의 어린 시절에서 가장 빛이 났던 때는 11세 되던 해였다. 문과를 택한 아버지와 달리 가업을 이은 삼촌 이부는 무반으로 승진을 거듭, 그 당시 직문하성이라는 지위에 있었는데 어느 날인가는 관리들을 소집해서는 어린 조카의 시 짓는 재주를 선보였다. 그때 규보가 지은 시는 다음과 같았다.

종이 면에는 모학사毛學士(붓)가 돌아다니고
술잔 속에는 국선생麴先生(술)이 빠져 있네.

한시 작법에 익숙하지 않은 우리로서는 규보의 솜씨가 어느 정도였는지 그 성취 수준을 정확히 짐작하기는 어렵다. 아직 어린 소년의 시에 술을 언급하는 내용이 떡하니 들어 있는 것이 우리의 상식에는 좀 낯설게 다가오지만, 술없이 하루도 버티지 못했던 훗날 규보의 삶을 생각해 볼 때, 심지어 《국선생전》이라는 술 찬양 소설까지 창작했음을 감안해 볼 때, 꽤 의미심장하게 여겨지기도 한다. 각설하고 그 시대 최고 엘리트라 할 중앙부서의 관원들이 고개를 끄덕이면서 인정했다는 내용으로 미루어 볼 때—굳이 고개 저어 반대할 심각한 상황도 아니었겠지만—11세 소년의 결과물치고는 나쁘지 않았다고 추측할 수 있겠다.

이 일화로 추측할 수 있는 또 다른 중요한 내용 하나. 아버지 이윤수의 기대를 한 몸에 받고 자란 규보는 이제 가문 전체의 기대주가 되었다는 사실이다. 가문의 명예를 아직 덜 자란 어깨에 짊어진 소년의 다음 행보는 이미 정해진 것이나 마찬가지였다. 과거에 급제해 아버지와 삼촌을 넘어서는 고관대작으로 성공하는 것, 한 손에는 부를, 다른 한 손에는 명예를 움켜쥐는 것. 14세 소년 이규보가 사립학교인 성명재에 입학한 이유였다.

성명재는 낯설지만, 해동공자 최충의 이름은 한 번쯤 들어봤을 것이다. 네 명의 임금을 보좌했던 관계의 여우이자 터줏대감 최충은 70세에 명예롭게 은퇴한 후 교육 사업에 여생을 바쳤다. 당대의 달아올랐던 교육열, 최충의 명성, 국립대학 국자감의 부실 운영(이 기시감이라니!)이라는 상황들이 상승효과를 일으켜 그의 학교는 문전성시를 이루었다. 몰려드는 학생들을 하나라도 놓치지 않고 모두 받아들이기 위해 최충은 학교를 계속 지었으니(물 들어올 때 노를 저으라는 말처럼) 이것이 바로 유명한 문헌공도의 9재였으며, 성명재는 9재 중 한 곳의 이름이었다.

문헌공도의 9재라는 고아하고 예스러운 이름에 현혹될 필요는 없다. 이 9재는 21세기를 사는 우리에게도 꽤 익숙하니. 무슨 말인가 하면 9재를 요즈음 용어로 번역하면 사교육의 산실인 과외 학원 중 탑 나인이라는 뜻이다. 그러므로 최충은 약간의 과장을 보태자면 우리 역사상 최초로 등장한 사교육 학원의 원장이자 프랜차이즈 학원 사업의 CEO인 셈이다(조선 유학자들이 스스로는 평생 유학에 매진했다고 자부했던 최충을 유교의 기본 원칙인 견리사의를 어기고 이익에 기꺼이 손을 내밀었던 사람이라고 평가절하했던 이유도 여기에 있다). 규보가 살던 시대는 최충이 이미 죽은 뒤라 전통의 9재 외에 12공도라는 또 다른 경쟁 과외 학원들이 있었다는 사실도 밝히고 넘어가야겠다.

다들 알겠지만, 과외 학원에는 유일하고도 분명한 목표가 있다. 좋은 대학에 진학하는 것. 성명재의 목표 또한 명확했다. 과거에 급제하는 것. 유교 정신의 함양이니 도덕이니 윤리니 성인이니 좋은 사람이니 어쩌고저쩌고하는 액자 속 단어들은 그저 겉치레 말에 지나지 않았다. 공식적으로는 어느 곳에도 적혀 있지 않은 성명재의 진짜 목표는 오로지 과거 시험에 한 명의 학생이라도 더 합격시키는 것뿐이었다.

고유의 노하우를 자랑하는 족집게 학원일수록 과외비가 비싼 것은 당연한 일, 국립대학 국자감을 넘어서는 뛰어난 학습 시스템을 자랑으로 내세웠던 성명재 또한 무료는 아니었다. 생선 한 마리를 교육비랍시고 내던 공자 시대의 판타지 같은 낭만은 이미 사라진 지 오래였다. 그러나 외아들 규보의 성공을 확신했던 아버지 이윤수에게 당장의 경제적 부담 따위는 별다른 문제가 되지 않았을 것이다. 성공만 한다면 투자비는 단번에 회수할 수 있다고 믿었으므로. 물론 실제로도 그랬고. 그렇다면 이제 우리는 성명재가 자랑하는 뛰어난 학습 시스템과 규보가 그 시스템 아래에서 거두었던 성취를 살펴보아야 한다.

고려의 과거제도에 대해 소략하게나마 설명을 하고 넘어가는 게 이해에 도움이 되겠다. 조선 시대 과거가 소과와 대과로 이루어졌듯 고려의 과거 또한 국자감시(사마시)와 문과(예부시)로 이루어졌다. 국자감시에 급제하면 진사라는 이름과 함께 문과에 응시할 수 있는 자격을 얻는다. 국자감시와 문과 모두 시와 부 등의 문장을 쓰는 능력과 경전에 대한 이해를 평가했는데 둘 중 더 높이 친 것은 문장 쪽이었다. 사정이 이러했으므로 성명재를 비롯한 과외 학원 시스템 역시 문장을 쓰는 능력 향상에 초점을 맞추어 구성되었다. 이들 과외 학원이 가장 자랑하는 교수법은 하과夏課와 급작急作이었다.

하과는 말 그대로 여름 한정 특별 과외다. 장소는 도심에서 떨어진 한적한 산사, 강사는 학원 출신 과거 급제자(중앙부처에서 근무하는 현직 관리일 경우는 프리미엄이 더 붙었을 것이고!), 수업 내용은 과거 시험에서 높은 점수를 받을 수 있는 시와 부 쓰는 법이었다. 800여 년 전 고려의 학원 풍경이 지금과 전혀 다르지 않아 도리어 놀랍다. 고려는 우리 생각보다는 훨씬 더 우리와 비슷한 나라였던 것! 시와 부 쓰는 실용적인 훈련법이라 할 급작 또한 요즈음의 방식과 다를 바 없다.

급작은 급작스럽다라는 형용사의 그 급작으로 말 그대로 빠르게 짓는다는 뜻이다. 무슨 말인가 하면 정해진 시간 안에 문제 풀이를, 고려식으로 말하자면 시 나 부 짓기를 마쳐야 한다는 의미다. 시계도 없었던 그 시절 시간을 측정하는 중차대한 역할을 담당했던 소품은 바로 초였다. 이것이 바로 각촉부시刻燭賦詩로, 초에 금을 그어놓고 그 선에 촛불이 닿기 전에 시를 짓는다는 뜻이다.

조조의 아들 조식은 일곱 걸음 안에 시를 지어 형인 조비에게서 목숨을 건졌다고 한다. 일곱 걸음이라니, 풍전등화는 저리 가라 할 정도로 위급했을 조식의 상황에 비교할 바는 아니지만, 바라볼수록 왠지 더 빠르게 타오르는 느낌을 주는 촛불은 소년들의 가슴을 쿵쿵 쾅쾅 요동을 치게 만들었고 머리를 텅텅 탕탕 비게 만들었을 것이다. 훈련의 목적은 한 가지일 터, 야구로 치면 한국 시리즈 같은 압박과 긴장 속에서도 평소의 실력을 그대로 발휘할 수 있도록 가슴과 머리를 냉정한 이성으로 통제하는 것.

우리의 주인공 규보는 성명재에 입학한 그해 여름의 급작 시험에서 당당히 일등을 차지했으며 이듬해에도 챔피언 타이틀을 어렵지 않게 지켜냈다. 14세에 지었던 작품은 남아 있지 않으니 15세에 지었던 작품을 소개한다. '내직옥당

內直玉堂'이라는 시험 제목을 받고 지은 시다.

> 혼자서 숙직하니 건물이 더 쓸쓸한데
> 연꽃 닮은 촛불만 화당에 비친다.
> 이슬 맺힌 선인장에는 가을 기운 차갑고
> 달 밝은 사창에는 밤이 참 길고 길다.
> ……
> 샛별이 뜰 때까지 시 한 편 다 끝내니
> 높은 하늘의 아침 해도 기뻐한다.

이것이 과연 15세 소년의 작품인가 싶을 정도로 어른인
체하는 시구들이 목에 가시처럼 걸리기는 하나 그건 나의
편협하고 주관적인 생각일 뿐이며 앞에서도 말했듯 이 시
의 문학적, 기교적 성취를 평가하는 것은 우리가 할 수 있
는 일은 아니며 해야 할 필요가 있는 일도 아니다. 중요한
건 오직 하나, 주니어 무대를 가볍게 석권한 규보에게 이제
남은 건 과거장에 나아가 이미 떼놓은 당상이나 마찬가지
인 급제의 영광을 품 안에 넣는 것, 그것 하나뿐이었다. 규
보가 목표로 삼은 시험은 다음 해인 1183년 5월에 열릴 예
정인 국자감시였다. 꼼꼼했던 이윤수는 감춰두었던 비자

금까지 꺼내 급제로 향하는 길에 혹시 있을지도 모를 작은 장애물까지 완벽하게 걷어냈다. 백발백중으로 알려진 어느 선생에게 거금을 지불하고 개인 교습을 받게 한 것이었다.

마침내 시험날이 되었다. 규보는 가벼운 걸음으로 시험 장을 향해 떠났고 수주, 즉 지금 수원의 수령이었던 이윤수 는 특별 휴가까지 신청해 집에 머물며 규보가 기쁜 얼굴로 돌아오기만을 초조하게 기다렸을 것이다. 집으로 돌아온 규보는 평소와는 달리 우울한 얼굴이었고 그날 밤 벌어진, 혹은 벌어졌을 상황은 이미 우리가 살펴본 바와 같다. 이 시기를 다룬 연보에는 의미심장한 문장이 등장한다.

> 사마시에 응시했으나 합격하지 못했다. 가을에 수주로 가
> 서 아버지를 모셨다.

이윤수가 아들 규보를 자신의 부임지 수원으로 데리고 갔다는 것이다. 꼭 그렇지는 않겠으나, 이후 규보의 자유로 운(?) 행보로 보아도 꼭 그런 것은 아니었으나, 내겐 어쩐 지 가문의 기대주인 귀한 아들 규보를 자신의 두 손과 두 눈으로 직접 통제하겠다는, 육체의 통제까지는 아니더라도 아들 너의 등 뒤엔 내 눈이 있다는 사실을 아들 규보가 늘

머리와 가슴으로 의식하도록 만들겠다는 의지의 발현으로 느껴진다.

간단히 합격하리라 예상했던 국자감시에서 미끄러지기는 했어도 아직 규보의 삶이 절망의 구렁텅이에 빠진 것은 아니었다. 연구 결과에 따르면 국자감시 합격자 평균 연령은 18.6세, 즉 합격자 대부분이 18세에서 19세 사이라는 의미다. 규보는 이제 16세였으니 2년 후에 있을 다음 시험에 합격해도 남들보다는 반보 앞서가는 셈이었다.

하지만 세상사가 계획대로만 된다면야 사는 게 도대체 뭐가 어렵겠는가? 문제는 요즈음으로 치면 사춘기에 도달했을 규보의 심리였다. 가만히 있어도 피가 끓는 혈기 방장한 소년이, 11세 때 지은 시에서 이미 술이라는 단어를 사용했을 정도로 어른의 풍류에 관심이 많았던 소년이, 시 짓기 분야에서는 남들보다 뒤처질 게 없다고 믿었던 자존심 강한 소년이, 2년이라는 길다면 긴 기간을 책과 벗하며 수험용 시만 짓고 살기란 쉽지 않았다.

물론 아버지의 기대를 알고 있는 규보가 대놓고 놀았으리라고는 생각하지 않는다. 대신, 아버지의 일과를 금세 파악한 영민한 규보가 아버지의 바쁜 틈을 타 간간이 어른 놀이에 열중했으리라 추측하는 것은 수원 시절에 지었던 아래의 시로 볼 때 무모한 가정은 결코 아닌 것 같다. 조금 길기는 해도 내용이 정말로 흥미롭다.

> 한가로운 틈타서 술도 자주 마셨고
> 좋은 경치 만나면 한없이 놀기도 했다.
> ……
> 아양 떠는 아가씨들 아름다움 다투는데
> 방그레 웃는 뺨 제일 사랑스러웠지.
> 절묘한 거문고 소리 옥 같은 손끝에서 울리니
> 모두의 눈길이 그리로 향했네.
> 금비녀 비스듬해도 보기가 좋고
> 연약한 몸은 비단옷도 못 이겼다.
> 서가에 꽂은 거문고 악보도 꺼내 보고
> 바둑판 벌여놓고 승부를 겨루었지.
> 꾀꼬리 우는 봄엔 시상이 번뜩이고
> 닭 우는 새벽까지 술에 취해 잠을 잤네.

훗날 규보는 자신을 삼혹호선생三酷好先生이라 불렀는데 규보를 일생 혹하게 만들었던 세 가지, 즉 시와 술과 거문고는 이미 수원 시절부터 그의 단짝이었다. 1185년 시험에서 합격했다면 수원에서 삶은 회한이라고는 남지 않는 아름다운 추억으로 남았을 것이다. 그러나 인생은 그런 식으로는 흘러가지 않는다. 규보는 또다시 불합격했다. 성명재의 급작 시험에서 거듭 일등을 차지해 합격은 당연지사이고 장원 여부가 유일한 관심사였던 규보가 2회 연속 시험에서 미끄러진 것이다. 이 결과에 이윤수가 어떤 반응을 보였는지 정확히 알 수는 없다. 연보에는 수원으로 되돌아갔다는 문장만 기록되어 있을 뿐. 그러나 우리는 수원으로의 귀환이 과거 합격에는 별다른 득이 되지 못한다는 사실을 이미 알고 있다.

다행인지 불행인지 이윤수의 임기가 끝난 덕분에 다음 해인 1186년 규보는 개성으로 돌아왔으나 기름진 수원 생활의 여파는 여전히 남아 있었고, 그 결과 규보는 1187년 치렀던 세 번째 시험에서도 탈락의 고배를 마셨다. 살아온 나날의 길이를 기록하는 앞자리 숫자가 1에서 2로 바뀌어 어느덧 20세가 되었음에도 여전히 국자감시를 통과하지 못한 '천금같이 귀한 아이' 규보에 대해 이윤수가 어떤 반응을 보였는지는 연보의 내용을 통해 확인할 수 있다.

공(규보)은 이 4, 5년 동안 술에 쏠려 멋대로 놀면서 마음을 단속하지 않고 오직 시 짓기만 일삼았다. 과거에 대한 글은 조금도 연습하지 않아서 계속 응시했지만 합격하지 못했다.

얼핏 보기엔 규보의 통렬한 자기 고백처럼 보이나 규보 스스로 이러한 깨달음에 이르렀다고는 생각하지 않는다. 인생의 재미(?)를 맛본 소년이 20세 나이에 모든 잘못을 참 회하고, 부처에 귀의한 수도승처럼 즐거움을 단번에 끊기 란 예나 지금이나 불가능하다. 억압과 제재라는 요소가 필 수 불가결한 바, 이 경우에는 아버지 이윤수가 기꺼이 그 역할을 담당했을 것이다. 그러므로 위의 고백은 규보 진심 의 토로라기보다는 아버지에게 쓴 반성문이라고 보는 게 옳겠다.

다음 시험이 있기까지 2년을 규보가 어떤 자세로 살았는 지 정확히 알기는 어렵다. 이윤수의 감시망은 전보다 훨씬 매섭고 견고해져서 수원 시절처럼 몰래 자유를 만끽하기는 쉽지 않았으리라 짐작할 뿐이다. 우리의 짐작을 뒷받침하 는 중요한 이야기를 증거 자료로 제출한다.

공의 원래 이름은 인저(仁氐)였다. 기유년(1189, 명종 19) 사마시 시험을 앞두고 이름을 규보로 바꾸었다. 공이 꾼 꿈 때문이었다. 촌 백성으로 보이는 노인들이 모두 검은 베옷을 입고 마루 위에 모여 앉아 술을 마시는데 옆 사람이 말했다.

"이들은 28수宿다."

깜짝 놀란 공은 황송한 마음으로 두 번 절하고 물었다.

"제가 올해 과시科試에 합격하겠습니까?"

한 사람이 옆에 있는 사람을 가리키면서 대답했다.

"저 규성奎星이 알 것이다."

공은 즉시 그에게 나아가 물었으나 그의 대답을 미처 듣기 전에 꿈을 깨어 그 결과를 다 듣지 못한 것을 한스럽게 여겼다. 조금 후에 또 꿈을 꾸었는데, 그 노인이 찾아와 일렀다.

"자네는 꼭 장원급제할 것이니 염려하지 말라. 이는 천기인 만큼 절대로 누설하지 말아야 한다."

이 이야기가 전하고자 하는 바는 간단하다. 《한국민족문화대백과사전》에 따르면 '28수는 하늘의 적도를 따라 남북에 있는 별들을 스물여덟 개 구역으로 구분한 별자리를 뜻하며 규성은 그중 열다섯 번째 자리를 차지하고 있다'라고 되어 있다. 무슨 뜻인지 정확히 잘 몰라 답답해도 그냥 넘어가기로 하자. 조상들의 아름답고 독창적인 천문관을 논하는 자리는 아니니 우리는 규보가 자신의 이름에 새겨 넣은 문제의 규성이 문운文運, 즉 글로 먹고살 운수를 결정하는 별자리라는 사실만 알면 되겠다. 무슨 말인가? 이야기 후반에 등장하듯 과거 합격을 보장받았음을 뜻한다.

규보가 꾸었다는 이 꿈을 액면 그대로 믿자면 우선은 꿈 분석 분야의 대가인 프로이트의 이론을 무단 적용할 수 있겠다. 아니 굳이 어려운 프로이트까지 동원하지 않더라도 매일매일을 합격에 대한 압박감을 안고 살았을 규보가 이러한 종류의 꿈을 꾸는 건 심리적으로 볼 때 그리 이상한 일은 아니다. 그러나 이 이야기를 그런 식으로 결론 내고 잊어버리는 건 좀 찜찜하다. 20세 소년이, 아버지의 감시망을 벗어나기 쉽지 않은 중상류층 가문의 20세 소년이 자기 스스로 꾼 꿈 때문에 이름을 바꾸는 일이 과연 가능한가? 그 시대의 이름이란 개인의 소유물이 전혀 아니었는데도? 나는 아버지 이윤수가 관여했으리라 확신한다. 규보의 어린 시절, 종기로 죽을 뻔했던 시절의 일을 다시 떠올려 보기를 권한다.

태어난 지 석 달 만에 규보의 몸에 나쁜 종기가 퍼졌다. 신통하다는 여러 가지 약을 써도 낫지 않았다. 제기랄, 어떻게 내 아이에게 이런 일이 일어날 수가 있지? 화가 잔뜩 난 이윤수는 사당을 찾아가 점을 쳤다. 산다는 점괘가 나왔다. 기분이 조금 나아진 이윤수가 이번에는 어떤 약을 써야 할지에 대해 다시 점을 치자 약을 쓰지 않아도 저절로 나을 것이라는 답을 얻었다.

이 시기 이윤수의 머릿속에는 하나뿐인 아들을 무슨 수단을 써서라도 과거에 합격시키는 것 말고 다른 생각은 없었을 것이다. 나는 이윤수가 지금으로 치면 성명철학가쯤 되는 이들을 찾아 아들의 이름을 새로 받아왔으리라 믿는다. 중국인 서긍이 쓴 《고려도경》에 보면 고려 사람들은 음양에 얽매이며 귀신에게 제사 지내기를 좋아한다는 표현이 등장한다. 이윤수가 유교를 공부해 과거에 합격한 관리이기는 했어도 그 또한 미신과 점괘를 신봉하는 전형적인 고려 사람이었음을 의심할 이유는 전혀 없다. 더군다나 이윤수는 꽤 절박한 상황이었으므로.

뜻밖의 개명에 우리의 규보는 어떻게 대처했을까? 어찌긴, 두말없이 받아들였을 것이다. 삼수생이 제 생각에는 말이지요, 어쩌고저쩌고하며 반대할 수 있는 여유로운 상황은 결코 아니었으니. 그러나 아버지의 뜻에 따라 이름을 바꾸었다는 건 어딘지 본때가 나지 않는다. 자존심도 팍팍 상하고. '그래서 등장한 것이 연보의 꿈'이라고 나는 믿는다. 규보 스스로 이름을 바꾸었으며, 그 뒤에는 문운을 관장하는 규성의 도움이 있었다는 게 이야기의 핵심이다. 아버지보다는 하늘, 별 이야기가 훨씬 더 때깔이 좋으므로. 아무래도 좋다. 그래서 규보는 국자감시에 합격했는가? 합격했다. 꿈에서의 예언대로, 혹은 이윤수의 열망대로 규보는 1189년, 평균보다 몇 년 늦은 22세의 나이로 국자감시에서 장원급제했다.

드디어 성공했구나 하고 박수를 보내고 싶다면 잠깐 보류하기를 바란다. 규보는 이제 겨우 첫걸음을 내디뎠을 뿐이다. 규보가 성공한 사람으로 인정받기 위해서는, 사회인이 되기 위해서는 아직 하나의 관문을 더 넘어야 했다. 바로 문과 시험이었다. 상세한 이야기로 이 글을 읽는 이들을 지루하게 만들고 싶지는 않다. 규보 또한 마찬가지였던 모양으로 네 번 만에 국자감시에 급제한 규보가 문과에 급제하는 데에는 그리 긴 시간이 필요하지 않았다.

규보는 1190년 5월 치러진 문과 시험에 단번에 합격했다. '이윤수와 규보는 얼싸안고 기쁨을 나누었다'라고 아름답게 마무리를 지으면 참 좋겠지만 이 합격에는 조금 껄끄러운 구석이 있었다. 규보는 시를 답안으로 제출하는 제술과에 도전해 합격자 30인의 명단에 들었다. 모든 시험에는 순위가 있는 법, 합격자는 갑, 을, 병, 동진사로 구분되었다. 그런데 규보는 갑도 을도 병도 아닌 동진사로 합격했다. 다시 말하면 꼴찌 수준으로 겨우 합격했다는 뜻이며, 성적순으로 임명받기 마련인 관리로서 미래 또한 지극히 불투명하다는 뜻이었다.

이 결과를 놓고 이윤수와 규보 사이에 다툼이 벌어졌다. 기록에는 나와 있지 않으나 아버지 이윤수가 먼저 불만을 표시했을 가능성이 높다. 내가 그렇게 추측하는 이유는 하나, 이윤수에게 규보는 여전히 '천금같이 귀한 아이'의 자질을 갖고 태어난 아들, 가문의 명예를 드높일 아들이었기 때문이다. 그런 규보가 미흡한 성적을 거둔 이유는 단 하나, 불성실했기 때문이다. 완벽한 아들을 바라는 아버지의 불만에 대한 규보의 반응이 특이하다. 규보는 정면으로 맞섰다. 뭘로? 변명을 무기로. 그의 변명이 조금 특이했다.

"시험관이 술을 권하는 바람에 답안의 글씨가 어지러워졌습니다. 화가 난 나머지 찢어버리려 했는데 옆에 앉아 있던 다른 응시자가 그만 실수로 제 답안지를 함께 제출했습니다."

변명이라 표현한 이유를 짐작할 수 있으리라 믿는다. 시험장의 분위기가 아무리 엉망진창이라도 과연 규보가 말한 그대로의 일이 과거 시험장에서 일어날 수 있었을까? 규보의 말은 옆의 사람이 자꾸 부스럭거려서, 펜이 말을 잘 안 들어서, 스피커가 찍찍거려서 등등을 점수 하락의 이유로 내세우는 오늘날의 수험생과 크게 다르지 않다. 변명으로 일관하던 규보는 자신의 성적과 해명의 궁색함에 어느 순간 자괴감을 느낀 게 분명하다. 연보에 이렇게 기록되어 있는 것을 보면.

공은 급제의 순위가 낮은 것을 못마땅히 여겨 사양하려 했다. 아버지가 심히 꾸짖었고 또 전례도 없으므로 미처 사양하지 못했다.

치사하고 더러워서(?) 차라리 합격증을 반납하겠다고 주장했으나 연보에 드러나 있듯 애당초 그것은 가능한 일이 아니었다. 규보의 진심 또한 반납에 있었던 것은 아니고, 불합격보다는 꼴찌로 합격하는 게 백 배, 천 배 나으니까.

그러니 그는 그저 자신도 만족한 건 아니라는 그 말 한마디로 아버지의 불만을 잠재우려던 것이었으리라.

아무튼, 이렇게 해서 규보의 수험 생활은 끝이 났다. 규보의 이후 삶이 순탄했던 건 결코 아니지만, 인생의 한고비를 넘었다는 사실만큼은 분명했다. 하지만 이렇게 물을 수 있겠다. 시험에 합격했다는 것만으로 성공했다고 말할 수 있을까?

일리 있는 지적이다. 시험에 합격했다고 모든 게 단번에 바뀌지는 않는다. 규보가 바로 그랬다. 합격했음에도 규보의 삶은 전과 달라지지 않았다. 관직의 숫자는 한정되어 있었기에 짧게는 3~4년, 운이 없으면 10년, 혹은 20년도 기다려야만 했다. 규보의 합격 순위가 더 높았다면 곧바로 관리에 임용될 수도 있었지만 턱걸이 수준인 동진사로는 어림도 없었다. 그런데 초조하게 관직을 기다리던 즈음 뜻밖의 일이 일어났다. 아버지 이윤수가 1191년 8월 20일 세상을 떠난 것이다. 규보가 과거에 급제한 다음 해였다.

아버지를 잃은 규보는 어떻게 했는가? 천마산에 초당을 짓고 살았다. 풍류를 좋아하던 규보가 은거를 택한 것이다. 과거 급제만을 꿈꾸며 앞으로 또 앞으로 달리기만 하던 규보가 걸음을 멈추고 뒷걸음질을 한 것이다. 의미심장한 변화다. 나는 이때 규보가 태어나서 처음으로 자신의 삶을 돌아보았다고 여긴다. 여태까지 규보의 삶은 아버지와 함께한 삶이었다. 아버지가 부여한 목표를 자신의 목표로 여기고 살았던 삶이었다. 그런데 아버지가 죽었다. 이제 자신을 지켜보는 아버지는 없다. 그렇다면 삶의 목표 또한 다시 정립할 필요가 있었다.

천마산에 들어간 규보는 매일 하늘을 보았고 구름을 보았다. 구름은 보고 또 보아도 질리지 않았다. 종일 보다보면 구름이 규보인지 규보가 구름인지 구분도 되지 않았다. 구름과 더불어 하루를 보내면서 깨달음 하나를 얻었다.

"구름처럼 살고 싶다!"

그렇다. 규보가 꿈꾸는 건 구름 같은 삶이었다. 세상에서 물러나 살겠다는 뜻은 아니었다. 세상과 함께 살되, 구름처럼 매이지 않고 살겠다는 뜻이었다. 규보는 자신의 생각을 글로 옮겼다.

구름은 조용하고 한가롭게 떠다닌다. 산에 막히거나 하늘에 매이지 않고, 동서로 자유롭게 다닌다. …… 순식간에 모습을 바꾸기도 하는데 끝나는 곳이 어디인지 알 수가 없다.

구름에 반한 규보는 자신의 호를 새로 지었다. 백운거사! 이렇게 해서 24세의 규보는 구름을 꿈꾸는 사람으로 다시 태어났다. 아버지가 정한 것이 아니라 스스로 결정한 삶의 모습이었다.

이후 규보의 삶이 꼭 순탄하지만은 않았다. 취직을 기다리는 신세가 되어 무척이나 오랜 기간을 놀면서 기다려야만 했고, 때로는 취직을 위해 손이 발이 되게 빌기도 했으니까. 지나가는 김에 한마디 하자면 규보는 부탁 편지의 달인이기도 했다! 수많은 편지 중 하나만 살펴본다. 최충헌 밑에서 인사권을 휘두르던 조영인에게 보낸 글이다.

어리석고 둔한 자질로 과거에 합격한 지 8년이 지났습니다. 하지만 여태 벼슬을 내린다는 명 한 번 받지 못했습니다. 은혜로운 재상께서 선비들을 살핀다고 하시니 감히 관직을 구하고자 합니다. …… 옹졸한 사람을 부디 거둬 주십시오. 우선 지방관 자리부터 맡겨보시기 바랍니다.

이 편지로 곧장 관직에 오른 건 아니었어도 2년 뒤에는 성공했으니 결과적으로 효과를 보기는 했다! 꿈에 그리던 관리가 된 이후에도 규보는 여러 차례 유배 생활을 했고,

몽골이 침입했을 때는 백의종군해 관리가 아닌 순라군 임무를 수행하기도 했다. 쉬지 않고 찾아오는 어려움 속에서도 규보는 무너지지 않았다. 심지어 규보의 내면은 늘 여유로웠다. 구름에게 배운 지혜 때문이라고 말하고 싶다. 젊은 규보였다면 무너졌으리라. 하지만 어른이 된 규보는 달랐다. 흐르고 또 흐르다 보면 기회는 다시 올 것으로 여겼고, 규보의 판단은 옳았다. 과거에 합격한 동기 중 가장 오랜 산 것도 규보였고, 가장 높은 관직에 오른 것도 규보였다. 《동국이상국집》이라는 문집 제목이 규보의 삶을 말해준다. 규보는 동국, 즉 우리나라의 상국, 재상으로 인정을 받았던 것이다. 고난을 이겨낸 규보의 삶을 잘 보여주는 글 한 편을 마지막으로 추가한다. 한가하고 아름답다.

손님과 함께 동산에서 논다. 누워서 자기도 하고, 앉아서 술잔을 들기도 하고, 바둑과 거문고를 즐기기도 한다. 원하는 대로 하다가 해가 지면 파한다. 한가한 자의 즐거움이다.

3장

학자와 관리 사이에서
방황한 소년

_1524년, 이황

1524년의 어느 날 아침, 24세 소년 이황(이 장에서는 퇴계라고 부르겠다)은 밖에서 어떤 사람이 '이 서방, 이 서방' 하고 부르는 소리를 들었다. 낯선 목소리였고, 부르는 태도도 점잖지 않았다. 퇴계는 그래도 혹시 하는 마음에 슬며시 자리에서 일어나지 않을 수 없었다. 3년 전에 결혼해 얼마 전에 첫아들을 얻은 그 또한 이 서방이었기 때문이다.

'그런데 도대체 누가 저렇게 경망스럽게 부르는 걸까? 내 주위엔 저럴 사람이 없는데. 정말 나를 부르는 걸까?'

아무래도 뭔가 내키지 않았다. 그렇다고 모르는 체 가만히 있기도 좀 그랬다. 퇴계는 조심스레 문을 열고 밖을 보았다. 마당에 선 사람을 향해 늙은 하인이 다가오는 것이 보였다. '이 서방' 하고 부르던 이는 얼굴 가득 웃음을 지은 채 하인의 손을 맞잡고 반갑게 인사를 나누었다. 그러니까

이 서방은 퇴계를 부르는 게 아니라 안면이 있었던 하인을 부르는 소리였던 것.

"그러면 그렇지."

대단한 깨달음이라도 얻은 양 혼잣말을 했다. 실없이 고개를 끄덕이곤 행여 삐거덕 소리라도 날까 해 문을 열 때보다 더 조심스레 문을 닫았다. 퇴계는 자리에 앉은 뒤 방금 일어난 사건의 의미를 생각해 보았다. 의미라고 말하기도 민망한 소소한 사건이었다. 사소한 오해에서 비롯된 우스운 이야기 그 이상도 이하도 아니었다. 그러나 생각하면 생각할수록 퇴계의 마음은 사정없이 흔들렸고 얼굴은 붉게 달아올랐다. 이 서방이라는, 이씨 성의 사람을 부르는 일반적인 호칭 하나에도 몸과 마음이 움찔했던 건 그를 부를 만한 다른 호칭이 없었기 때문이다.

결혼까지 한 양반가의 20대 남자라면 대과에 급제하지는 못했어도 생원이나 진사 정도는 되었어야 체면이 섰다. 퇴계는 그렇지 못했다. 과거 따위엔 뜻이 없다고 굳게 결심하고 아예 시도조차 하지 않은 상태라면 오히려 덜 부끄러웠겠다. 하지만 그는 어쩌다 보니 남들 못지않게 부지런히 과거에 응시했고, 대과도 아닌 소과 시험에 연속 세 번으로 떨어진, 설마 했어도 내심으로는 전혀 예상하지 못했던 참

담한 결과를 얻었다.

훗날 제자들에게 밝힌 바에 따르면 퇴계는 '세 번 연속으로 실패를 했어도 아주 의기소침한 상태는 아니었다'고 고백을 한 바 있다. 진심이었을 것이다. 과거 급제가 그의 인생에서 차지하는 비중이 다른 응시생들에 비해 아주 높지는 않았으므로. 그런 퇴계가 이 서방이라는 호칭에 엉덩이를 들썩이며 허둥지둥 어쩔 줄 몰라 하는 꼴을 보인 것이다. 결국, 그도 속물이었다. 자신에게 크게 실망한 퇴계는 깊은 한숨을 내쉬었다.

"이름을 얻지 못한 까닭에 이런 욕을 당하는구나."

우리는 퇴계에게 이 서방이라고 부른 이에게 감사를 표해야 하겠다. 그가 이 서방이라고 부르지 않았다면, 부끄러움에 사로잡힌 퇴계가 만사 제쳐놓고 우선은 이름부터 얻어야겠다는 목표를 세우지 않았더라면 우리가 아는 천원지폐의 주인공 퇴계는 존재하지 않았을지도 모르니까.

❊

퇴계는 1501년 11월 25일 진시(7~9시)에 경상도 예안현 온계리(지금의 안동시 도산면 온혜동)에서 태어났다. 퇴계 정도의 인물에게 태몽이 없을 리는 없다. 태몽치고는 뭐랄까, 훗날의 퇴계와는 달리 좀 단도직입적이고 박력이 있다. 어머니 춘천 박씨는 성인 중의 성인인 공자가 자신의 집으로 걸어 들어오는 꿈을 꾸었다고 한다. 정말 공자였을까, 노자나 맹자나 신선도의 노인은 아니었을까, 다들 용모도 비슷하던데, 하는 딴지를 걸기 좋아하는 사람 특유의 잡스러운 의문들이 떠오르지만, 우리는 바로 이 꿈 때문에 퇴계의 생가에 성림문聖臨門, 즉 성인이 찾아오신 문이라는 번드르르한 현판이 걸리게 되었다는 사실 정도만 기억하면 되겠다. 훗날 퇴계가 이자李子라 불리며 성인에 버금가는 칭호를 얻었다는 사실을 생각하면 어쨌거나 꽤 영험한 태몽이다.

퇴계는 6남 1녀의 막내였다. 막내답게 귀여움을 독차지하고 자랐겠거니 추측할 수 있겠다. 그러나 집안의 기둥인 아버지 이식이 바로 다음 해에 세상을 떠나는 바람에 퇴계는 아버지의 사랑을 아예 모르고 자랐다. 아버지의 때 이른 죽음은 어린 퇴계의 인격과 성품과 인생의 목표 형성에 두루 커다란 영향을 미쳤던 것으로 보인다. 훗날 퇴계는 어머니를 회상하면서 이렇게 썼다.

여러 아들이 자라나자 어머니는 가난한 생활 속에서도 돈을 마련해 먼 곳, 혹은 가까운 곳에서 공부하도록 하셨다. 자식들을 훈계하실 때마다 공부에만 힘쓰지 말고 몸가짐과 행실을 삼갈 것을 여러 차례 부탁하셨다. …… 늘 말씀하셨다. "세상 사람들이 모두 과부의 자식은 교육이 없다고 비웃는다. 너희들이 백배로 힘쓰지 않으면 과연 조롱을 면할 수 있겠느냐?"

퇴계의 제자들은 입이라도 맞춘 듯 한결같이 스승의 따뜻하면서도 겸허한 인품을 높이 평가한다. '사람들을 대할 때 거리를 두지 않았다'(정유일), '사람들과 논변할 때 그 말이 상대와 일치하지 않으면 자신의 소견이 미흡하지 않은가부터 걱정했다'(이덕홍), '덕이 높았으나 언제나 모자란 듯, 얻은 바가 전혀 없는 듯 행동했다'(김성일) 등을 봐도 그의 훌륭했던 인품을 충분히 상상할 수 있다.

더 객관적이며 구체적인 증거들도 있다. 공부하다 힘들 때는 쉬었다 하라는, 일반적인 스승의 입에서 쉽게 나오기 어려운 여유만만 어록이 존재하는 것, 까마득한 후배인 이이(35세 연하다)의 까칠한 지적을 받은 후 필생의 역작이라 할 《성학십도》의 순서를 과감하게 바꾼 것(이이는 퇴계의 '성품과 도량이 따뜻하고 순수하기가 옥과 같다'고 평했다), 호남 출

신 기대승(26세 연하다)과의 그 유명한 사단칠정 논쟁에서
도 처음부터 끝까지 후배의 의견을 존중하는 태도를 보였
던 것(기대승은 퇴계를 '겸허하게 낮추어 아무것도 지니지 않은
듯이 행동했다'고 평했다)만 보아도 그의 인품이 우리가 흔히
쓰는 표현인 '꼰대'와는 정확히 반대였다는 사실을 알 수
있다. 퇴계의 이러한 성품은 타고난 바가 크겠지만 과부의
자식이라는 소리 듣기를 염려한 어머니의 끊임없는 교육
또한 한몫을 단단히 했으리라. 성품과 교육이 잘 어우러진
까닭에 우리에게 전해지는 퇴계의 어린 시절 일화는 소년
의 것이라고 보기에는 지나치게 진지하고 지나치게 어른스
러운 태도와 배려로 가득하다.

　가장 이른 시기의 일화는 6세 때의 것이다. 아버지에게
가르침을 받을 수 없었던 퇴계는 이웃집 노인에게서 《천자
문》을 배웠다고 한다. 이름도 전해지지 않은 사실로 보아
노인의 가문이며 학식이 대단한 수준은 아니었으리라. 하
지만 퇴계는 노인에게 스승의 예를 다했다. 아침에 일어나
면 세수를 하고 머리를 단정히 빗은 후 노인의 집으로 갔
다. 곧바로 들어가는 대신 담장에 서서 전날 배운 내용을
암송한 다음 문을 열고 들어갔다. 노인과 마주해서는 정성
껏 절하고 엎드려서 글을 바쳤다. 웬만한 어른보다도 몇 배

는 나은 태도였으니 노인의 마음에 들지 않았을 리가 없다. 노인은 온순하고 공손한 아이라며 입이 마르도록 퇴계를 칭찬해 어머니를 기쁘게 했다.

퇴계가 7세 때 둘째 형인 이하와 넷째 형인 이해가 진주 목사로 부임하는 삼촌 이우를 따라 집을 떠났다. 가깝게 지내던 형들이 떠나자 7세 소년은 눈물을 흘렸다. 지극히 소년다운 행동이었으나 어머니 춘천 박씨는 엄하게 타일렀다.

"사람이 사람답게 살기 위해서는 공부를 해야 한다. 형들이 떠나는 건 학식 높은 삼촌 밑에서 배우기 위함이다. 그런데 왜 너는 헤어짐만 생각하고 우는 것이냐?"

7세 아이가 알아들었을까 싶은 어려운 말이지만, 굳이 꼭 그랬어야 했나 의아한 생각이 들기도 하지만, 달리 말해 과부 콤플렉스가 살짝, 아니 과하게 느껴지는 발언이지만, 퇴계는 당연히 단번에 알아들었다. 알아들은 것도 놀랍지만 더 대단한 건 그 이후의 행동이다. 퇴계는 다시는 어머니 앞에서 형들을 그리워하는 마음을 내비치지 않았다고 한다. 단 한 번도! 이러한 성품의 퇴계였으니 칼을 가지고 놀다 손가락을 다친 둘째 형을 보며 형보다 더 크게 울며 아파했다는 건 일화 축에도 들기 어렵다.

이렇듯 어릴 적부터 자의건 타의건 간에 어른스러운 모

습을 보였던 퇴계는 12세가 되어서야 비로소 제대로 된 공부를 시작한다. 이 글에 등장하는 다른 소년들에 비해 출발이 늦었던 건 아버지가 없었던 이유가 컸다. 집안의 어른은 아버지의 동생인 이우가 유일했다. 이우는 조카들의 성장에 큰 관심을 보이기는 했으나 아무래도 현직 고위 관료라 일상의 세밀한 부분까지 살피고 돌보기는 힘들었다. 그런데 이때는 강원도 감사에서 물러나 고향에 내려와 있었으므로 퇴계를 옆에 두고 가르침을 베풀 수 있었던 것이다. 이때 퇴계가 익힌 경전은 《논어》였다. 보통은 《대학》부터 시작하기 마련인데 퇴계는 다음 책인 《논어》부터 시작했다.

소년 퇴계가 공부의 단계를 건너뛰었을 정도로 영특했다는 말을 하려는 게 아니다. 조선 유학이 낳은 최고의 학자로 불리는 퇴계의 공부는 사실 계통이 없었다. 이웃집 노인을 제외한다면 삼촌 이우가 퇴계 인생에서 단 하나뿐인 스승이었다. 그런데 이우는 앞에서도 말했듯 무척 바빴던 사람이라 늘 곁에 있기는 어려웠으므로 대부분의 공부는 퇴계 혼자서 한 것이나 마찬가지였다. 나중에 말하겠지만 그래서 이후 퇴계는 어떤 책은 너무 깊게 파고들었고, 어떤 책은 아예 읽지도 못했으며, 선비의 본류와는 관계가 없는 분야에도 적지 않은 관심을 보이는 등 또래 소년들과 비교해 보면 꽤 자유분방한(?) 공부를 했다. 이러한 공부가 가능했던 또 다른 이유는 세상을 떠난 아버지가 처가에서 받아 소장했던 엄청난 장서가 있었기 때문이었다. 아버지도 소년 퇴계의 공부에 일정 부분 기여를 하기는 했다!

그런데 이우는 융통성과는 거리가 먼, 고지식할 정도로 원칙을 중요시하는 사람이었다. 그랬기에 소년 퇴계의 공부법은 외우고 또 외우는 전통적인 방식, 그 한 가지였다.

> 이미 안 것은 반드시 복습했다. 한 권을 마치면 한 권을 전부 외웠다. 두 권을 마치면 두 권을 전부 외웠다.

호기심을 느끼는 분들은 《논어》를 한 번 펼쳐보기 바란다. 외우기는커녕 다 읽기에도 만만치 않은 분량이라는 사실을 금방 확인할 수 있다. 내용 또한 흥미진진한 소설과는 거리가 멀다. 그런데 통째로 암기하는 방법은 퇴계 고유의 학습법이 아니라 조선 시대에는 당연시되던 공부법이었다. 옛사람들의 글에 인용이 많은 건 어려서부터 수많은 문장을 머릿속에 넣고 외웠기 때문이다. 친구 전화번호도 외우지 못하는 우리와는 달라도 한참 다르다. 그러므로 퇴계의 공부에서 특이했던 건 책을 다 외웠다는 데 있지 않고 아직 어린 그가 조금도 지루해하지 않고 진심으로 공부에 임했다는 사실에 있다.

> 삼촌께서는 과정을 엄하게 세워, 세월을 헛되이 보내지 않도록 하셨다. 나는 이 말씀을 따라 조금도 게으르지 않도록 조심, 또 조심했다.

소년 퇴계가 보인 전혀 소년답지 않은 무지막지한 성실성은 전통을 중시하는 원칙주의자인 삼촌 이우의 눈길을 끌기에도 충분했다. 칭찬에 유난히 인색하기로 유명했던 이우는 퇴계의 태도를 보고는 이렇게 말했다고 한다.

"가문을 유지할 사람은 바로 이 아이다."

이우는 몇 달 지나지 않아 경상도 관찰사에 제수되었기에 퇴계를 직접 가르칠 수는 없었다. 그러나 퇴계와 그의 넷째 형 이해를—이우는 두 소년을 가문의 미래로 점찍었다—용수사라는 절에서 머물며 공부할 수 있도록 만반의 조치를 취해놓고 떠났다. 이우는 바쁜 공무 중에도 짬을 내 조카들에게 시를 보내 격려했다.

> 절간 깊은 곳은 밤 공부하기에도 좋으니

많이 읽고 많이 쓰고 많이 생각하며 긴 겨울을 보내도
록……
예부터 공부는 어릴 때부터 하라고 했다.
다가올 진사시가 얼마 남지 않았도다.

솔직히 말해 시라기보다는 훈화 말씀 같고, 격려라기보
다는 노골적인 압박 같다. 현직 고위 관료인 이우가 생각하
기에 아버지를 잃은 조카들이 가문을 빛내는 유일한 방법
은 바로 과거 급제 한 가지뿐이었다. 앞서 퇴계가 어머니를
회상하면서 쓴 글에 다음과 같은 문장이 있었음을 주목하
자. "가난한 생활 속에서도 돈을 마련해 먼 곳, 혹은 가까운
곳에서 공부하도록 하셨다."

이우의 시와 이 문장을 함께 놓고 생각해 보면 어머니 춘
천 박씨가 아들들에게 바랐던 소망 또한 과거 급제라는 사
실은 의심할 바가 없다. 퇴계가 제자에게 회상했던 말에 따
르면 춘천 박씨는 '너의 벼슬은 고을의 원님이 딱 맞으니
높은 벼슬을 하지 말아라. 세상이 너를 받아들이지 못할까
두렵다'고 말하며 지나친 출세를 만류했다지만 이는 벼슬
을 하지 말라는 게 아니라, 행여 높이 올라갔다가 아들이
크게 다칠까 염려하는 어머니 특유의 보호 본능이 발현된

것으로 보는 게 옳겠다. 퇴계의 어머니는 과거를 보아 관리가 되는 것에는 전혀 반대하지 않았다. 그렇다면 소년 퇴계는 나이를 먹음에 따라 기하급수적으로 높아진 주위의 기대에 어떻게 대처했을까?

어른스러운 성품의 퇴계는, 대립하기보다 순응하거나 물러나는 성품의 퇴계는, 반발보다는 순종하는 성향의 퇴계는 당연히 그 기대에 부응하기 위해 필사적으로 노력했을 것이다. 그랬기에 퇴계가 15세 되던 해인 1515년에 고향인 안동에 부사로 부임한 삼촌 이우가 사비를 들여 만들어준 애련정이라는 이름의 가숙家塾, 즉 일가친척을 위한 학교에서 열심히 공부했으며 여름이나 겨울에는 집중 공부를 위해 용정사와 봉정사와 청량산을 부지런히 드나들었을 것이다.

어른들은 근면 성실하다며 퇴계를 칭찬했지만 사실 그들이 간과한 꽤 중요한 사실이 하나 있었다. 퇴계의 관심은 공부를 통해 입신양명하는 것보다는 공부, 그 자체에 있었다. 관리가 되어 조정에 나아가 활동하는 것보다는 전원에 머물며 공부 한 가지를 깊게 파고드는 학자의 삶에 더 큰 매력을 느꼈다. 14세 때 은둔의 대명사인 도연명에 깊이 빠졌다는 사실이 하나의 증거며, 다른 소년들에 비해서는 다

소 늦은 15세 때 지었다는 시에 담긴 내용이 다른 하나의
증거다.

> 돌 지고 모래 파면 저절로 집이 되고
> 앞으로 가다가 뒤로 달리는데 다리는 많기도 하다.
> 한평생 산속 작은 샘에 살아도
> 넓은 강과 호수 어떤지 묻지 않는다.

〈가재〉라는 제목의 시다. 자연 관찰기처럼 보이는 소박
한 시이기는 하나 소년 퇴계의 지향점이 어디에 있는지 우
리에게 잘 알려준다. 보통의 15세 소년이라면 관심 밖의 대
상일 가재를 소재로 삼은 것도 그렇고, 앞으로 가다가 뒤로
달린다는 퇴행적 표현도 그렇고, '넓은 강과 호수 어떤지
묻지 않는다'는 은둔 지향적 세계관을 드러낸 것도 그렇다.
훗날 퇴계는 엄숙한 유학자의 이미지와는 달리 시를 꽤 많
이 썼는데 철학시라 불리는 그 시들은 어떤 면에서는 첫 시
에 드러난 세계관을 반복, 변주했다고 말할 수도 있다. 18
세에 쓴 시를 보면 퇴계의 유학 공부가 그동안 무척 깊어
졌으며 세상에서 멀리 떨어져 있고자 하는 은둔 성향 또한
몇 곱절 강화되었음을 확인할 수 있다.

이슬 맺힌 아름다운 풀 물가를 두르고

맑게 흐르는 작은 연못엔 티끌 하나 없다.

구름 날고 새 지나는 건 늘 있는 일이지만

제비가 때때로 물결을 찰까 염려가 된다.

퇴계의 제자들은 자신의 힘으로 사물을 관조하는 성리
학적 사고가 돋보이는 작품이라고 극찬했지만, 성리학에
무지한 우리가 주목해야 할 건 시 전체를 장악하고 있는
일종의 결벽성이 아닌가 한다. 소년 퇴계는 티끌 하나 없는
연못을 바라보며 자신의 마음이 작은 연못을 닮아 맑고 투
명하기를 바란다. 보통 사람들에게는 그저 심상한 풍경일
제비 또한 퇴계에게는 두려움의 대상이다. 자칫 잘못하다
간 맑고 투명한 물결을 단번에 혼탁하게 만들 수 있으므로.
이때의 제비란 물론 어지러운 세상의 상징이겠고. 이왕 감
상한 김에 19세에 지었다는 시를 계속해서 살펴보자.

숲속 초당의 만권 책을 사랑하여

한결같은 일상의 마음으로 십 년을 보냈다.

이즈음에는 근원을 깨달은 듯

내 마음 전체를 태허로 여긴다.

만 권 책이란 아버지에게 물려받은 책을 말할 터, 여기에서 중요한 건 태허太虛라는 단어다. 태허란 태극, 즉 성리학에서 바라보는 우주의 근본 구성 원리를 말한다. 깊이 들어가면 수십 권의 책으로도 모자랄, 난해하기 그지없는 원리이나(훗날 퇴계는《태극도설》을 읽은 지 이삼십 년이 되었는데 조금도 얻은 것이 없다는 충격적인 고백을 한 바 있다!) 우리로서는 훗날 퇴계가 선조의 교육용으로 편집한《성학십도》(성리학을 설명하는 열 개의 그림 정도의 의미다)의 제1도가 바로〈태극도〉라는 사실 정도만 알아두면 되겠다.

시에서 확인할 수 있듯 이즈음의 퇴계는 성리학 교과서라 할《성리대전》과《주역》등을 읽고 완전히 마음을 빼앗긴 상태였다. 퇴계의 학문은 흔히 이이와 비교해 설명하는데, 이이의 이론이 현실 개혁적인 성향이 짙은 데 비해—성호 이익은 이이와 유형원 두 사람만이 제도 개혁에 관심을 보였다고 썼다—퇴계는 비세속적이고 엄정한 고결성을 추구하는 점에서 종교적인 색채, 즉 유학보다는 유교에 가까운 느낌을 준다. 이 시를 그 증거로 내밀어도 전혀 이상하지 않다.

그런데 이즈음은 소년 퇴계가 자신이 좋아하는 공부, 즉 과거와는 무관한 유교 공부에 마냥 몰두할 수 있는 여건은 못 되었다. 아버지처럼 때론 엄격하게, 때론 알뜰하게 뒤를 보살펴주던 삼촌 이우가 1717년, 즉 퇴계 나이 17세 때 세상을 떠났기 때문이었다. 단순히 집안의 어른이 사라진 문제가 아니었다. 물심양면에서 퇴계의 공부를 뒷받침하던 후원자의 상실이라는 측면이 더 컸다. 후원이 사라졌다는 건 집안 경영에 문제가 생겼음을, 그래서 과거 급제에 대한 심리적인 압박이 더욱 커졌음을 뜻했다. 어릴 적부터 어른스러웠던 소년 퇴계가 그 사실을 모를 리 없었다.

어머니 춘천 박씨는 자식들의 앞날을 위해 농사는 물론 누에치기까지 마다하지 않는 상황이었다. 과거 공부에만 몰두해야 하지만 유교 공부를 깊게 하고 싶은 유혹은 좀처럼 그를 놓아주지 않았다. 매사 진지했던 소년 퇴계는 꽤 난감했으리라. 그랬기에 시에서 읊었던 성리학 본연의 공부에 깊이 몰두하다가도 눈앞에 닥친 현실적 문제들을 떠올리며 속으로 깊은 한숨을 짓는 나날들이 반복되었을 것이다. 남에게 조금이라도 폐를 끼치기 싫어하는, 그리고 외면에서 비추어지는 태도와는 달리 은근히 황소고집인 퇴계의 성격을 고려하면 둘 모두를 놓치지 않기 위해 최선을 다했을 것이다.

진전은 더뎠다. 학문을 이끌어줄 마땅한 스승이 없기도

했고, 글자 하나도 그냥 넘기지 못하는, 다 외우고 이해해야 직성이 풀리는 꼼꼼한 공부 방법 때문이기도 했다. 몸과 마음을 돌보지 않고 밀어붙이는 공부는 탈을 일으키는 법, 아직 20세도 되지 않은 신체 건강한 소년이었지만 신체와 정신의 부조화를 견디지 못하고 쓰러지고 말았다. 퇴계는 훗날 이때의 상태를 다음과 같이 회상했다.

젊어서부터 학문에 뜻을 두었으나 학문에 들어가는 단서와 방법을 알지 못해 헛되이 애만 태웠다. 밤새도록 똑바로 앉아서 탐구하고 사색하기를 그만두지 않았는데 마침내 마음의 병이 들어 공부를 폐할 지경이 되었다.

퇴계가 정확히 짚어서 말한 것처럼 퇴계가 앓은 근본 이유는 마음이었다. 학자의 길과 관리의 길 두 가지 중 어느 것도 고르지 못했다. 퇴계의 성격을 고려하면 이 문제를 놓고 남과 의논했을 리도 없다. 그랬기에 해답을 찾기 어려운 문제를 앞에 둔 채 혼자서 끙끙 앓기만 하다가 더 버티지 못하고 쓰러지고 말았다.

다행히 우리의 퇴계는 주위의 도움 없이 스스로 위기에서 빠져나온 것으로 보인다. 이채로운 이력 하나가 눈길을 끈다. 퇴계는 영주의 의원에서 의학 교육을 받기 시작했다. 양반으로서는 이례적인 선택이었다. 스승이 없었기에 택할 수 있는 샛길이었다고도 볼 수 있겠다. 효과는 있었다. 퇴계는 의학 공부를 통해 몸의 증상을 다스렸고, 성리학 공부를 처음부터 다시 해나가면서, 특히 마음의 이치를 연구하며 심리적 증상을 다스렸다. 이때의 경험으로 퇴계는 평생함께할 좋은 친구들을 얻었다.《활인심방》에 나오는 건강 체조법과 공부하는 사람에겐 스승이 있어야 한다는 신념이 이때 얻은 그 좋은 친구들이었다. 하지만 의학과 성리학으로 몸과 마음을 어느 정도 추스른 후에도 문제가 완전히 해결된 건 아니었다. 과거 급제라는 당면 과제는 여전히 해결되지 않은 채 남아 있었다.

퇴계가 아무리 어른스럽기는 했어도 소년은 소년이었다. 이 시기 퇴계가 갈팡질팡했음은 기록에도 나타난다. 퇴계는 기묘사화가 일어났던 즈음에 서울에 다녀온 것으로 보이는데—공식 연보에는 나와 있지 않다—이때의 행적은 확실하지 않다. 어떤 자료에는 성균관을 둘러보았다고 되어 있고, 또 어떤 자료에는 서울 구경을 했다고 되어 있고, 또 어떤 자료에는 문과 별시에 응시했다고 되어 있다. 아무래도 우리에겐 문과 별시에 응시했다는 자료가 가장 눈에 들어온다. 응시했다는 말만 있는 사실로 볼 때 정말로 시험을 봤다면 불합격했을 가능성이 높겠다.

공식 연보에 따르면 소년 퇴계는 23세 때 다시 서울로 향해 성균관에 들어갔다. 성균관에 들어갔다는 것은 과거 급제를 목표로 삼았다는 뜻이다. 그랬다면 열심히 공부해야 마땅할 텐데 어찌 된 일인지 퇴계는 1년을 버티지 못하고 고향으로 돌아왔다. 퇴계가 서울을 떠난 표면적인 이유는 성균관의 분위기였다.

이때는 기묘사화가 일어난 뒤였기에 선비들의 풍습이 천박하고 경박했다. 그들은 선생(퇴계)의 법도 있는 행동을 보고 도리어 비웃었다.

당시의 성균관이 극도의 침체 상태였다는 건 《조선왕조실록》 등의 기록에도 나타나 있기에 퇴계의 관찰 내용은 사실과 부합한다. 다시 말하면 기묘사화에도 불구하고 성균관에 머물고 있던 이들은 과거 급제 말고는 다른 관심이 없었던 지극히 세속적인 선비들이었다. 그런데 우리는 퇴계의 열광적인 지지자들은 아니므로 다음과 같은 껄끄러운 질문을 던져볼 수 있겠다. 성균관이 그런 곳이라는 것을 퇴계는 전혀 몰랐을까?

아무리 안동에 살고 있었더라도 퇴계가 몰랐을 리는 없다. 퇴계가 성균관에 간 건 자의는 아니었다는 기록이 있다고는 하지만 퇴계 또한 어느 정도는 각오하고 떠났던 길이었을 터. 하지만 마주한 현실은 예상보다 더 심했다. 집으로 돌아온 퇴계의 손에 서울에서 구한 《심경》이 들려 있었다는 사실이 재미있다.

《심경》은 유교 경전 중 마음을 다룬 부분들만 모아 해설한 책이다. 퇴계가 일평생 곁에 두고 읽었기에, 부모처럼 사랑하고 하늘처럼 공경하는 책이라고 말했기에, 조선 후기에는 선비라면, 특히 퇴계를 성인으로 모시는 남인들에게는 당연히 읽어야 할 필수 서적이 되었다. 결국, 퇴계는 과거 공부하러 갔던 서울에서 자신의 개인적인 공부에 도움을 줄 책 한 권을 찾아 돌아왔던 것이다.

퇴계는 기뻤겠으나 주위의 시선은 딱히 그렇지는 않으리라. 《심경》의 첫 문장이 인심유위 도심유미人心惟危道心惟微, 즉 '사람의 마음은 위태롭고 도리의 길은 잘 드러나지 않는다'라는 것은 퇴계의 당시 상황을 감안해 보면 꽤 상징적이다. 과거 시험에 대한 부담감이 진짜 공부의 길을 완벽하게 막고 있던 상황! 난처한 처지에 몰린 퇴계가 다음

해 소과에서 세 번 연속으로 미끄러진 것은 앞에서 말한 바와 같다. 실력이 없었다기보다는 갈피를 못 잡았던 마음 때문일 터. 그 와중에 터진 사건이 바로 이 서방 사건이었다. 이때 퇴계가 보였던 반응을 다시 살펴보자.

"이름을 얻지 못한 까닭에 이런 욕을 당하는구나."

갈팡질팡하던 소년 퇴계가 개인적인 공부를 미뤄두고 과거 급제를 위해 전심으로 노력한 것은 바로 이때부터였으리라 생각한다. 결혼해 아들까지 둔 퇴계는 과거에 집중하자는 결심을 한 후에 비로소 어른이 되었던 것이라고도 볼 수 있겠다.

노력은 보상을 받았다. 퇴계는 1528년 진사 복시에 합격해 진사가 되었고, 1534년 34세의 나이로 문과에 급제했다. 하지만 퇴계 이야기는 여기서 끝나지 않는다. 퇴계는, 정말 어른이 된 것일까? 사회의 어른인 관리로서 평생을 살 준비가 되었던 것일까? 관리로서 삼 년째 살아가던 1536년에 지은 시다.

삼 년째 서울에서 봄을 맞으니
옹색하기가 멍에 멘 망아지 꼴.
이렇게 세월을 보낸들 무슨 이익이 되랴……

시냇물엔 물고기와 새들

소나무 아래엔 학과 잔나비들

즐겁겠구나, 산골 사람들

돌아가 술이나 잔뜩 마시련다.

　따로 설명이 필요 없어 보인다. 퇴계가 관리로서 즐거움을 전혀 느끼지 못하고 있음을 알 수 있다. 고향에서 온 편지를 받고도 시 한 편을 썼는데 구절들이 하나같이 수상하다. "서쪽에 와 무엇을 하고 있는가 / 근심 속에 관직에만 매여 있네 …… 내 자신 돌아보니 진정으로 부끄러워라 …… 누르고 억제하며 자신을 잃어가네 …… 스스로 결단 못 한 지 오래 되었구나…… 길게 한탄하며 부질없는 생각을 적어보네" 등등이 특히 그렇다. 이즈음 쓴 편지에서는 또 이렇게 썼다.

　서울에서 벼슬살이하는데 도대체 무슨 즐거움이 있겠습니까? 책을 보려고 하면 탈이 나고, 남과 회포를 풀려 하면 속에 든 말을 나눌 수도 없습니다. 뜰에 핀 꽃이나 보면서 하루하루를 보냅니다.

퇴계의 고민은 여전히 현재진행형이었다. 이래서야 과연 어른이 되었다고 말할 수 있을까? 결단하지 못한 채 부끄러움을 누르고 어렵게 관리 생활을 이어가던 퇴계는 1548년 10월 풍기군수로 부임했다. 1년 정도 군수 생활을 하던 퇴계는 이듬해 9월, 마침내 결단을 내렸다. 무려 세 차례에 걸쳐 관찰사에게 사직서를 제출했던 것. 사표 수리가 계속 거부되자 우리의 모범 소년 퇴계는 그의 삶에서 한 번도 하지 않았던 돌출 행동을 한다. 근무지에서 무단으로 이탈해 고향 집으로 돌아온 것이다. 처벌을 받은 것은 당연한 일. 고신告身 2등급 강등이 내려졌다고 한다. 알기 쉽게 말하자면, 조금 과장해 말하자면 부장에서 과장으로 강등된 셈이다. 그러나 퇴계의 마음은 평화로웠다. 불감청이언정 고소원이라는 진부한 옛말처럼 강등과 처벌은 퇴계가 바라던 바였다. 고향으로 돌아온 퇴계는 무엇을 했나? 시냇가에 한서암이라는 작은 집을 짓고 노래를 불렀다.

골짜기 바위 사이에 초가집 지으니
때맞춰 바위에 흐드러지게 붉은 꽃 피었네.
옛날은 가고 지금은 와 때는 이미 늦었지만
낮에 밭 갈고 밤에 책 읽는 즐거움 끝이 없구나.

몸이 물러나 어리석은 내 분수에 편안하나

학문이 퇴보할까 늘그막이 걱정이네.

비로소 시냇가에 거처를 정하여

흐르는 물 굽어보며 날마다 성찰하네.

신세 한탄으로 가득했던 관리 시절의 시와 비교해 보기 바란다. 한서암에서 마음의 안정을 찾은 이때의 나이는 50세였다. 서정주 시인의 〈국화 옆에서〉의 유명한 대목이 떠오른다. "인제는 돌아와 거울 앞에선." 어릴 적부터 소년 퇴계를 괴롭혔던 과거와 공부의 경쟁은 공부의 승리로 드디어 마무리되었다. 먼 길을 돌고 돌아 퇴계는 드디어 자신을 바라보는 거울 앞에 진정한 어른으로 서게 되었던 것. 물론 이후에도 수많은 관직에 임명되었고 서울에 올라갔다 내려오기를 반복했으나 이때 먹었던 마음은 결코 바뀌지 않았다. 퇴계는 53세 때 비로소 자신에게 주어진 천명을 깨닫는다.

참으로 천명이 자신에게 갖추어져 있는 줄을 알아서 덕성을 높이고 믿고 따르기를 지극히 한다면, 타고난 귀한 본성을 잃지 않고 사람의 표준이 자신에게 있게 되어 천지의 조화 발육의 공을 다 이룰 수 있습니다. 이 어찌 훌륭하지 않겠습니까!

　흔히 말하는 위기지학爲己之學, 즉 자신을 갈고 닦는 공부의 삶이 완성된 순간이었다. 무엇을 위해서 하는 공부가 아니라 오직 공부 자체를 위한 공부! 그러므로 나는 소년 퇴계가 진정한 어른이 된 건 관직에서 무단 탈출한 50세 때라고 주장한다. 어른이 되기엔 너무 늦은 나이일까? 달리 생각할 수도 있다. 50세에 어른이 된 것도 그나마 다행이라고. 나잇값 못하는, 겉으로 보기에만 어른인 이들이 그때나 지금이나 여전히 넘쳐나고 있으므로. 여러분은 어떻게 생각하시는지?

4장

아버지를 원망한 소년
_1554년, 이이

1554년 3월 어느 날 오후, 19세 소년 이이(이 장에서는 율곡
이라 부르겠다)는 동대문을 나섰다. 내내 빠르게 걷던 율곡
은 걸음을 잠깐 멈추어 뒤를 돌아보았다. 가족에게 알리지
도 않고 나선 길이었다. 금강산으로 가 승려가 되겠다는 결
심은 하루 이틀 뒤 편지로나 알릴 참이었다. 동대문 위로
펼쳐진 하늘은 구름 한 점 없어 끝없이 넓었고, 꽃이 만발
한 땅엔 봄기운이 요란했다. 늘 보았던 심상한 풍경이 오늘
따라 특별하게 다가왔다. 율곡은 바람을 못 견디고 꺾인 버
드나무 가지로 만든 지팡이로 바닥을 툭툭 두드리며 서울
의 풍경을 마지막으로 머릿속에 담은 뒤 세상에 통보라도
하듯 한마디를 툭 뱉었다.

"괜히 돌아볼 것도 없다. 이제 가자."

고작 성문 하나 지났을 뿐인데 말처럼 발걸음이 가볍지

는 않았다. 성문에서 늘어뜨린 보이지 않는 줄이 허리에, 손목에, 발목에 묶인 것처럼. 거미줄 같은 가늘고도 질긴 인연을 떨치는데 필요한 건 짧은 랩. 율곡은 그저 머리에 떠오르는 대로 곡조 없는 랩 한 곡을 그 자리에서 지어 부르며 무거워진 걸음을 재촉했다.

봄 산을 두고 천 리 밖으로
지팡이 하나에 의지해 떠나네.
나를 따를 사람 그 누구일까?
어둑한 저녁에 괜히 기다리고 섰네.

19세 소년의 랩치고는 어딘지 슬퍼 보인다. 깊은 외로움을 이미 여러 차례 경험한 탓에 기쁨의 감정을 아예 잃어버린 노인 같다. 그렇다면 이젠 소년 율곡이 왜 노인의 마음이 되어 집을 떠나야만 했는지 그 이유를 살펴볼 차례다.

✳

율곡은 1536년 12월 26일, 오늘날 우리가 오죽헌이라고 부르는 강릉 북평촌 외갓집에서 태어났다. 비범한 인물의 탄생에는 태몽이 빠지지 않는 법인데 우리 주인공 율곡에게는 태몽이 한 개도 아닌 두 개, 즉 쌍으로 존재한다. '떡잎부터 다르네' 하고 눈살을 찌푸릴 수도 있겠지만 꿈을 꾼 장본인인 어머니 또한 신사임당이라는, 율곡보다 더 고가 지폐에 등장하는 값 비싼 유명인임을 감안해 부디 너그럽게 이해해 주기만을 바랄 뿐이다.

첫 번째 꿈에서는 선녀가 등장한다. 선녀가 동해에서 사내아이 하나를 안고 다가와 신사임당 옆에 살며시 눕혔다. 아이의 피부는 옥처럼 깨끗했고 몸에서는 신령한 빛이 났다. 율곡을 낳던 날 꾸었던 두 번째 꿈에서는 흑룡이 등장한다. 큰 바다에서 날아온 흑룡이 안방에 똬리를 트고 자리 잡았던 것. 새벽에 태어난 율곡의 아명은 자연스럽게 현룡見龍(용을 보다)이 되었고, 그 방은 몽룡실夢龍室(용꿈을 꾼 방, 춘향전의 남주인공 이몽룡의 '몽룡'도 뜻이 같다)이 되었다.

선녀와 흑룡의 두둑한 후원을 받고 태어난 소년 율곡이 천재성을 보이지 않았다면 그것이 더 놀랍고 싱거운 일이겠다. 천지신명에게서 두루 낙점을 받은 율곡은 당연히 천재로 자랐고 3세 때부터 될성부를 나무의 면모를 보였다. 외할머니 이 씨가 석류를 가져와 무엇이냐고 물었더니 석류라고 간단히 대답하면 될 것을 군이 시구절을 동원해

"은행 껍질 푸른 옥구슬 머금었고 / 석류 껍질 부서진 붉은 진주 싸고 있네"라고 지식의 수준을 한껏 자랑하며 어렵게 대답했다. 율곡이 5세 때 어머니 신사임당이 병에 걸린 적이 있었다. 환자의 상태에 노심초사하던 가족들은 한참 후에야 율곡이 사라진 사실을 알고 온 집안을 뒤졌다. 율곡은 외할아버지 신명화를 모신 사당에서 발견되었다(율곡은 6세 때까지 강릉 외갓집에서 살았다). 어머니의 병을 낫게 해달라고 혼자서 기도하고 있었던 것.

율곡은 6세 때 서울로 올라와 수진방, 지금의 청진동에서 살았다. 7세 때 비로소 어머니 신사임당에게서(아버지가 아니라) 경서를 배웠는데 지금까지 흘러온 이력으로 볼 때 '사서와 여러 경전에 스스로 통달했다'는 설명은 물 흐르고 바람 불듯 자연스럽다.

그즈음 〈진복창전〉을 지었다고 전해진다. 낯선 이름일 것이다. 진복창은 이웃에 살던 관리의 이름이었으므로. 이웃의 인품을 칭찬하는 따뜻한 글이라고 추측한다면 오판이다. 율곡은 진복창을 욕심 많은 소인이라고 평가하면서 '그 사람이 뜻을 얻게 된다면 나라의 근심이 커질 것이다'라는 엄청난 비난을 퍼부었다. 율곡의 예언은 적중, 진복창은 몇 년 뒤 을사사화에서 윤원형의 손발이 되어 무고한 선비들의 목숨을 빼앗았다. 어린 소년이 과연 그랬을까, 하는 의구심이 강하게 드는 대목이지만 율곡을 말할 때마다 빠지지 않고 등장하는 내용이므로 일단은 믿을 수밖에 없다.

흥미로운 건 훗날 율곡에게서 종종 보이는 함부로 사람을 평가하는 버릇이 이미 7세 시절부터 싹수가 보인다는 사실이다. 율곡 같은 천재들에게서 종종 나타나는 행동이라고 나는 좋게, 좋게 생각하려 한다. 악의가 있어서 그러는 게 아니라 그저 눈에 보이는 걸 말로 옮겼을 뿐인 것이다. 율곡을 변호하는 입장에서 말하자면, 사람의 능력과 품성을 한눈에 파악하는 천재들 특유의 지나치게 뛰어난 직관력이 죄라면 죄다. 각설하고 율곡은 8세 때 아버지 이원수의 고향인 파주 율곡촌(율곡이라는 호는 여기서 나왔다)의 화석정을 방문해 모두를 놀라게 한 시 한 편을 지었다.

숲속 정자에 가을은 어느덧 저물고
시인의 상념은 꼬리에 꼬리를 문다.
멀리서 흐르는 물은 하늘에 닿아 푸르고
서리 맞은 단풍은 햇빛을 보며 붉었다.
……

우리에겐 이 시의 기교보다는 이 시에 담긴 노숙한 정서가 더 충격적이다. 정말로 이것이 8세 소년의 솔직한 감각일까. 술에 대한 호기심을 슬며시 드러냈던 11세 소년 규보의 시에는 귀여운 맛이라도 있었지만, 이 시에서 소년다운 모습을 찾기란 정말로 어렵다는 게 내 느낌이다. 지금까지의 인용으로도 율곡의 천재성을 의심할 이는 아무도 없겠으나 율곡의 비범함을 담은 이야기는 미하엘 엔데의 책 제목처럼 끝도 없이 이어진다.

9세 때 《이륜행실록》이라는 책에서 당나라 장공예라는 이의 집에 9대가 함께 살았다는 대목을 읽고는 "9대가 함께 살다니 어려움이 꽤 많았겠다. 그렇다고 형제가 떨어져서 살 수는 없는 일이다"라는 역시 노숙하기 그지없는 말을 내뱉은 뒤 형제가 부모를 모시고 사는 그림을 직접 그렸다고 한다. 읽는 이들의 지겨움과 한정된 지면을 고려해 다 생략하고 마지막으로 인용할 미담은 11세 때의 것이다 (마지막이라는 말에 잘 어울리는 난이도 최고 수준의 미담이다). 아버지 이원수가 병에 걸리자 율곡은 자신의 팔뚝을 찔렀고 흐르는 피를 아버지에게 마시게 한 후 사당에 들어가 이렇게 빌었다.

"저는 나이도 젊고 재주도 많아서 능히 귀신을 섬길 수 있으나, 아버지는 그렇지 않습니다."

질투에 눈이 먼 삐딱한 눈으로 읽으면 재주 자랑하는 것으로 밖에는 안 보이지만, 실은 아버지 대신 자신을 저세상으로 데려가 달라는 지극한 효심의 표현이다. 다음 날 아버지의 병이 씻은 듯 나았는데 아버지는 율곡을 불러 꿈 이야기를 들려주었다.

"꿈에 백발노인이 나타나 너를 가리키며 말하더라. 우리나라의 큰선비가 될 아이라고. 이름도 새로 주셨다. 앞으로 너는 구슬 옥玉에 귀 이耳를 붙인 이珥라는 이름을 쓸 것이다."

이 정도 인용이라면 소년 율곡이 지금껏 소개한 여러 소년을 모아놓은 것처럼 똑똑하고 모범적인 소년이라는 사실은 다들 넘치게 이해했으리라 믿는다. 그런데 세상에 단점 없는 사람은 없는 법, 율곡에게도 단점은 분명 있었다. 어머니 신사임당에 대한 사랑이 아버지 이원수에 대한 사랑보다 몇 배는 컸다는 것! 소년이 어린 시절에 아버지보다 어머니를 더 좋아하는 건 굳이 오이디푸스 콤플렉스니 뭐니를 들먹이지 않고서더라도 인지상정이라는 용어로 간단히 정리해 말할 수도 있겠다. 아버지보다는 어머니와 함께 보내는 시간 자체가 워낙 많은 시절이니 말이다.

그럼에도 콕 집어 단점이라고 말하는 이유가 있다. 율곡의 증상은 우리가 생각하는 수준보다 훨씬 심했다. 가장 결정적인 증거 하나. 신사임당이 세상을 떠났을 때 눈물로 젖은 길고 긴 추모의 글을 썼던 율곡은 아버지 이원수가 세상을 떠났을 때는 그 어떤 추모의 글도 남기지 않았다. 설마, 하고 고개를 갸웃할 이들을 위해 추가 증거를 제출한다. 율곡은 자신이 태어나기도 전에 세상을 떠나 얼굴도 본 적 없는 외할아버지 신명화를 추모하는 글을 썼으며, 자신을 유독 아꼈던 외할머니 이 씨에 대해서는 글을 두 편이나 썼다. 훗날 율곡은 외할머니가 위독하다는 소식을 듣고 사직 상소를 올리기도 했는데, 이는 《경국대전》에도 명시되지 않았을 만큼 전례가 없던 일이어서—애당초 고려 대상도 아니었다는 뜻이다—임금을 비롯한 많은 이들을 당황하게 만들기도 했다. 반면 친할머니나 친할아버지에 대해서는 그 어떤 추모의 글도 쓴 적이 없다.

소년 율곡이 외가에 경도된 가장 큰 이유는 태어나서부터 6세 때까지 외갓집에서 살았기 때문일 것이다. 앞서 예로 든 석류 시에서 보듯 외할머니는 어린 율곡을 알뜰살뜰하게 돌보았던 것 같다. 성품이 온화하고 부드러웠다는 율곡의 회상으로 볼 때 강릉에서 보낸 어린 시절은 율곡에겐 일종의 행복의 원형으로 남았을 것이다. 그렇다. 성품, 이것이 율곡이 외가에 경도된 또 하나의 이유였다.

외할아버지 신명화는 기묘명인, 즉 정의로운 선비의 대명사 조광조와 뜻을 같이 했던 선비였다. 신명화는 처신이 바르기로 유명해서 선비가 수난당하는 어려운 시대를 살아가면서도 비굴과 편법을 혐오하는 등 선비의 자세를 잃지 않았다. 온화하고 부드러운 성품을 지녔던 외할머니 이씨는 남편인 신명화가 병을 앓자 왼쪽 중지 두 마디를 자르고도 식구들에게는 내색도 하지 않았을 만큼—율곡이 누구에게서 영향을 받았는지 잘 알 수 있다—강단이 있기도 했다. 그렇다면 친할머니 홍 씨는 어떤 사람이었을까? 따로 쓴 글이 없으니 율곡이 어머니를 추모한 글에서 한 대목을 인용한다.

시가에서 잔치가 열린 어느 날이었다. 여자 손님들이 떠들썩하게 웃으며 즐겼다. 그런데 신사임당은 말없이 조용히 앉아만 있었다. 시어머니 홍 씨가 한마디 했다.
"너는 왜 말을 하지 않느냐?"
신사임당은 이렇게 답했다.
"여자는 문밖에 나가지 않는 법이라 아무 소견이 없으니 무슨 말을 하겠습니까?"

이 일화를 통해 친할머니 홍 씨가 유교적 소양이 그리 높지는 않은 보통의 여인임을 알 수 있다. 또한, 율곡은 같은 글에서 "할머니가 나이가 많으셔서 가사를 돌보지 못하셨기에 어머니가 다 맡아 하셨다"라고 쓰고 있다. 나이가 많은 탓도 있겠으나 앞의 일화에서 보았듯 친할머니와 신사임당의 관계는 조금은 껄끄러웠던 것으로 보인다(사실 우리가 보기엔 신사임당의 꼬장꼬장한 성격에도 약간의 문제는 있어 보이지만). 외가 지향적인 율곡 입장에서는 나이와 지위를 무기로 어머니를 아랫사람처럼 부리려는 듯한 친할머니의 태도가 조금은 마음에 들지 않았을 것이다.

성품의 문제는 어머니 신사임당과 아버지 이원수의 경우에도 반복되어 나타난다. 율곡에게 신사임당은 이상적인 인간 그 자체였다.

어렸을 때 경전에 통달하셨고, 글을 잘 지으셨으며, 글씨도 잘 쓰셨다. 바느질에 뛰어나셨고, 수도 정교하게 잘 놓으셨다. 타고난 자질은 온화하고 우아하셨으며 지조는 곧고 깨끗하셨다. 몸가짐의 절도는 의젓하고 고요하셨으며,

일 처리는 안정되고 자상하셨다. 말을 적게 하셨고 행실을 삼가셨고 스스로 겸손하셨다. …… 일곱 살 때부터 안견의 그림을 따라 그리셨고 마침내 산수화를 그리셨는데 솜씨가 절묘하셨다. 또 포도를 그리셨는데 세상에 흉내를 낼 수 있는 사람이 없었다.

어머니를 갓 잃은 16세 소년이 쓴 글이라는 배경을 이해하고 읽어야겠지만 신사임당이 보통의 평범한 어머니들과 달랐던 사실만큼은 틀림없어 보인다. 어머니를 추모하는 글에 아버지가 등장하지 않을 수는 없는 일이다. 아버지 이원수도 조연으로 등장하는데 율곡의 표현이 조금은 특이하다.

아버지는 성품이 호연[倜儻]하여 가산을 경영하지 않으셔서 살림살이가 적잖이 어려웠다. …… (어머니는) 시어머니 앞에서는 첩[姬妾]을 꾸짖은 적이 없으셨다. …… 아버지께서 뜻하지 않게 실수를 하시면 반드시 바른말로 충고하셨다.

율곡은 아버지의 성품을 묘사하면서 '척당[倜儻]'이라는 표현을 썼다. 척당은 뜻이 크고 기개가 있다는 뜻이다. 그러나 이어지는 문장으로 볼 때 척당은 의례적인 표현에 가깝다. 율곡의 본심은 문장의 후반부에 드러난다. 이원수는 과거에 급제하지 못해 벼슬도 없었는데 집안을 잘 꾸려야겠다는 책임의식 또한 없었던 것으로 보인다. 행실도 바른편은 못 되어서 노는 것을 좋아했으며 권세가인 친척의 집을 문턱이 닳도록 드나드는 판이었다. 이원수에게는 첩도 있었던 것 같다. 율곡을 존경하는 제자들은 혹시라도 율곡의 명성에 누가 될까 염려해 '희첩姬妾'이라는 표현 뒤에 '몸종을 희첩이라고도 한다'라는 주를 친절하게 붙였지만, 유난히 똑똑했던 16세 소년의 진술을 군이 왜곡해 해석할 필요는 없을 것이다.

심지어 율곡은 "자네 처는 내 곁을 떠나보내고 싶지 않네"라는 혼인 당시 외할아버지 신명화가 했다는 말까지 인용하고 있다. 신명화가 신사임당을 아꼈다는 증거지만 이원수가 신명화의 기대에 못 미쳤음을 암시하는 말로도 해석할 수 있다. 여하튼 종합해 보자면 율곡에게 아버지가 이상적인 '롤모델'은 결코 아니었던 것 하나만큼은 분명하다.

이렇듯 어머니 신사임당에게 지나치게 경도되었던 소년 율곡에게 비극이 찾아온다. 신사임당이 갑작스럽게 세상을 떠난 것이다. 율곡에게 더욱 상처가 되었던 건, 신사임당의 임종을 지키지 못했다는 점인데 불행하게도 이 과정에 아버지 이원수가 개입되어 있었다.

> 1550년 여름, 아버지께서 수운판관에 임명되어 1551년 봄 삼청동으로 이사했다. 이해 여름, 아버지가 조운에 관한 일로 관서 지방에 가셨는데 큰형과 내가 모시고 갔다. …… 5월에 조운이 끝나 아버지께서 배를 타고 서울로 향하셨다. 도착하기 전에 어머니의 병환이 심해졌다.

수운판관은 경기감영에 소속된 종5품 관직으로 지방에서 바치는 세곡 운반을 감독하는 일을 한다. 오십 평생 놀고먹었던 이원수가 어떻게 갑자기 수운판관이 되었는지 알 수는 없다. 평소의 행실로 볼 때 알음알음 인맥으로 자리를 얻었을 가능성이 높다고 추측할 뿐이다. 흥미로운 건 공무 때문에 출장을 가면서 굳이 두 아들을 동반한 부분이다. 율곡은 모시고 갔다고 썼지만, 정황상 이원수가 데리고 갔다고 보는 것이 맞겠다. 자신을 은근히 무시하는, 혹은 어머니를 더 높이 치는 기색이 완연하게 보이는 두 아들에게 관리로서 위엄을 보여줌으로써 아버지의 위신을 높이려는 목적이었을 터. 그런데 서울로 돌아오기 전에 신사임당이 세상을 떠남으로써 계획은 완전히 어그러졌다. 아버지와의 여행은 어머니를 유달리 사랑했던 소년 율곡에게 씻을 수 없는 죄책감을 심어주었고, 이후 부자 관계는 살얼음을 밟는 듯 위태롭고 냉랭한 상태가 되고 말았다는 게 내 생각이다. 아니, 내 독단적인 생각이 아니라 이후 나타난 율곡의 행동에 기반한 추측이다.

율곡은 돌아가신 어머니를 정성을 다해 모셨다. 아버지가 살아 있는데 어머니가 세상을 떠난 경우, 1년 동안 상복을 입는 것이 원칙이었다. 율곡은 정해진 1년이 지났음에도 2년 동안 어머니의 무덤 곁에서 더 지냈다. 아버지에게 하듯 삼년상을 마친 율곡은 18세에 관례를 치렀고 19세가 되자 승려가 되기 위해 무단가출을 감행, 금강산으로 떠났다.

율곡이 승려의 길을 택한 이유를 무 자르듯 명확히 말하기는 어렵다. 당대의 유학자들에게는 무척이나 심각한 사안이어서 수많은 의견과 추측이 존재하고 당사자인 율곡의 말과 글에도 조심스러움, 그리고 얼버무림과 회피가 가득하나 여기서는 두 가지로 단순화해서 생각하기로 한다. 첫 번째는 어머니를 갑작스럽게 잃은 데서 오는 허무함이다. 중병을 앓았던 것도 아닌 어머니가 그저 며칠 앓다가 갑자기 세상을 떠났다. 어떻게 그럴 수가 있는가? 선한 사람이 이토록 허무하게 죽어버리는 이 세상은 과연 올바른 곳인가? 유교의 경전을 뒤적여도 명확한 답은 보이지 않았다. 그렇다면 아예 집을 떠나 답을 찾을 일이다. 답을 찾을 가능성만 있다면 승려가 되는 것도 좋으리라. 불교란 기본적으로 삶과 죽음의 이치에 대해 탐구하는 종교니까. 이는 훗날 율곡이 선조에게 스스로 밝힌 이유와도 상통한다.

> 태어난 시기가 좋지 않았던지 일찍이 어머니를 여의었습니다. 망령되이 슬픔을 잊고자 불교를 탐독하다가 본심이 어두워졌지요. 드디어 깊은 산으로 달려가서 거의 1년이 되도록 머물렀습니다.

이모부 홍호에게 쓴 글에는 율곡의 혼란스러웠을 마음이 더 직접적이고 감정적인 문장으로 드러나 있다.

> 어머니를 잃은 재앙이 참담하게 몸에 다가오고, 방향을 잃은 병이 마음을 때려서 미친 듯이 산속으로 달려가고 넘어지고 뒤집혀서 제자리를 잃었습니다.

두 번째 이유는 아버지와 관계가 있다. 사안이 사안인지라 율곡은 이에 대해 일절 의견을 남긴 적이 없다. 그런데 31세 때 율곡이 사간원의 정언으로 임명되었을 때 사관이 남긴 글에 느닷없이 아버지가 등장한다.

> 아버지의 첩이 그(율곡)를 사랑하지 않았다. 또한, 아버지 이원수는 일찍이 불경을 좋아했는데 율곡의 나이 16~17세 때 한 중이 어머니의 혼을 위해 복을 빈다는 말로 유혹하니 율곡이 집안 식구들에게 알리지도 않고 의복을 정돈해 금강산으로 들어갔다.

지금으로 치면 인사 검증의 역할을 담당했을 사관은 당시 떠도는 소문을 충실히 기록했을 것이다. 단연 눈에 띄는 건 아버지의 첩과 율곡의 불편한 관계다. 앞서 이원수가 신사임당이 살아 있던 시절에도 첩을 들였을 가능성이 농후하다고 말한 점을 기억하기 바란다. 우연인지 필연인지 첩의 성품 또한 훌륭한 편은 아니었던 것 같다. 가뜩이나 아버지에 대한 마음이 곱지 못했던 율곡에게 첩의 존재, 그것도 자신을 그다지 달가워하지 않는 데다가 성품조차 형편없는 첩의 존재는 집과 아버지에 대한 환멸감만 키웠을 뿐이다. 집안 식구들에게 알리지 않고 떠났다는 내용이 여러 기록에 나타나는 것을 볼 때 아버지와의 불화, 내지 실망감이 율곡을 떠나게 만든 것은 사실로 보인다.

금강산 생활은 길지 않아서 1년 후 율곡은 세상으로 돌아왔다. 율곡의 제자들은 이를 유교의 승리인 것처럼 적고 있으나 꼭 그렇게 볼 일만은 아니다. 훗날 율곡은 선조에게 이렇게 말하기도 했다.

> 불교의 도에 중독된 사람 가운데 신처럼 깊이 중독된 사람은 없을 것입니다.

율곡이 죽은 후 기록된 줄기에 따르면 율곡은 금강산에 머물던 시절 승려들 사이에서 '생불'이라 불리기도 했다(뭐든 열심히 하는 완벽주의자 율곡의 성향으로 볼 때 충분히 가능한 일이다). 금강산에서 선승을 만나 대화를 나누고는 이렇게 시를 쓰기도 했다.

> 아, 나는 세속의 인연 아직 다하지 않아
> 이곳에 살면서 나의 즐거움 온전하게 누릴 수 없네.
> 후년에 이 장쾌한 유람 이어가리라

이 말씀 산신령에게 드리니 꼭 기억해 두십시오.

　19세 소년은 금강산에서 '장쾌한 유람' 생활을 하며 세상에 대한 시각을 정리해 나갔다. 아마도 그 1년 동안 어머니 신사임당을 잃은 슬픔, 그리고 아버지에 대한 미움을 어느 정도는 다스린 것으로 보인다. 승려가 되기로 마음먹었을 만큼 슬픔과 미움과 환멸이 컸던 것은 사실이다. 그러나 상처받은 영혼이 어느 정도 치유되자 세상으로 다시 눈을 돌리는 건 아직 스물이 되지 않은 소년의 마음으로는 전혀 이상하지 않다. 훗날 율곡의 삶을 보면 출처를 반복하기는 하나, 현실에서 완전히 발을 뺀 경우는 없었다(율곡은 늘 경건을 최우선으로 삼았던 이황과는 선천적으로 다른 성향을 타고난 사람이었다). 금강산에서 율곡 또한 마찬가지였을 것이다. 승려가 되겠다고 한 건 도저히 견딜 수 없던 슬픔과 미움을 다스리고 세상의 이치를 제대로 이해하기 위한 방편이었을 것이다.

　솔직히 말해 율곡의 마음속에 평생 금강산에서 승려로 지낼 생각은 없었다고 나는 생각한다. 은둔은 율곡의 성향에 맞지 않았다. 그러니 치유된 소년이 다시 세상으로 나가는 건 어찌 보면 당연한 수순일 터. 유학자도 아닌 우리가 굳이 유학의 승리니 불교의 패배니 하는 이분법적 사고에 사로잡힐 필요는 없다.

이제 세상으로 돌아온(율곡은 서울집이 아니라 외할머니가 있는 강릉 외가로 돌아왔다!) 율곡의 행보를 살펴보자. 먼저 아버지와 어느 정도 화해한 흔적이 보인다.

신(율곡)의 아버지가 신에게 조그만 재주가 있는 것을 애석하게 여겨 명예를 찾도록 굳이 권하는 바람에 그때부터 계속 과거에 응시했습니다.

금강산을 떠나는 데 아버지 이원수가 일정한 역할을 했음을 밝히고 있다. 실제로 그랬는지 아닌지는 중요하지 않다. 양반 가문에서 과거를 보라는 권유가 뭐 특별한 것은 아니므로. 이러한 부분을 율곡이 받아들이고 있다는 점이, 아버지를 미워했던 율곡이 아버지의 말을 담담하게 받아들일 만큼 성장했다는 게 우리에겐 눈여겨볼 지점이다. 그러나 산에서 세상으로 귀환하기 위해서는 모종의 의식이 필요한 법. 새 술은 새 부대에 담으라는 격언처럼 율곡은 자신의 지난 삶을 총체적으로 되돌아보며 과거를 정리하고 미래를 준비하는 글을 쓴다. 〈자경문〉이라 불리는 글인데 여러모로 딱, 율곡답다.

성인을 모범으로 삼아 뜻을 크게 갖는다. 털끝만큼이라도 성인에 미치지 못하면 내 일은 마치지 못한 것이다. …… 마음의 안정은 말을 적게 하는 데서 시작한다. …… 마음은 살아 있는 물건이니 확고한 의지력을 성취하지 못하면 마구 흔들려서 안정되기 어렵다. …… 늘 보이지 않고 들리지 않는 곳을 경계하고 두려워하며, 신독, 즉 홀로 있을 때 더욱 삼가는 의식을 가슴속에 지닌다. …… 새벽에 일어나서는 아침에 할 일을 생각하고, 아침을 먹은 후에는 낮에 할 일을 생각하고, 잠자리에 들 때는 내일 할 일을 생각한다. …… 남이 나를 포악하고 무리하게 대하면 스스로 돌이켜서 깊이 성찰하고 감화하기를 기약한다. …… 밤에 잠을 자거나 병이 중한 경우를 제외하고는 절대 드러누워서도 안 되고 기대서도 안 된다. …… 공부는 느긋하게 해서도 안 되고 조급하게 해서도 안 된다. 공부는 죽은 뒤에나 끝날 뿐이다. …… 만약 이렇게 하지 않고서 부모가 남겨주신 이 몸을 해치고 욕되게 하는 이는 사람의 자식이 아니다.

세상으로 돌아온 20세 소년 율곡의 결심이 참 대단하지만, 사용된 언어는 무섭기까지 하다. 공부는 죽은 뒤에나 끝난다거나 이렇게 하지 않는 자는 사람의 자식이 아니라는 말들이 특히 그렇다. 훗날 율곡을 좋아하는 이들과 싫어하는 이들이 확연히 갈렸던 것도 어쩌면 이러한 극단적인 언어 때문은 아닌지 충분히 의심해 볼 수 있는 대목이다. 사용된 언어보다 더 무서운 건 율곡이 자신의 다짐을 대부분 실천으로 옮겼다는 사실이다. 마음을 해부해 들여다볼 수는 없는 일이니 세상으로 돌아온 다음 해, 즉 21세 되던 해 치른 소과 초시에서 단번에 장원으로 급제했다는 것을 증거 자료로 내밀겠다.

율곡은 23세 되던 해에는 문과 별시에 응시, 초시에서 역시 장원으로 급제했다. 이때 제출한 답안이 〈천도책〉이라는 글인데 이 답안을 본 출제위원들이 참으로 천재 중의 천재라고 감탄했다는 말이 전해진다. 명성이 자자한 글이라 그럼, 하는 마음으로 읽어보았는데 솔직히 말해 이해가 거의 불가능했다. 그렇기는 해도 시험장에서 즉석으로 썼다는 사실에는 놀라지 않을 수 없었다. 재미있는 건 이 천재 중의 천재가 복시는 통과하지 못했다는 점이다(초시, 복시, 전시를 모두 합격해야 문과 급제자가 된다는 건 다들 잘 알고 있으리라 믿는다). 대부분의 율곡 전기에서 투명인간처럼 쏙 빼놓고 지나가는 부분이기도 하다.

문과 별시를 치르기 전에 소년 율곡의 삶에 이벤트 같은 아름다운 일이 있었다는 것을 빼놓을 수는 없다. 퇴계 이황과의 만남이다. 율곡은 장인이(율곡은 바로 전해인 22세 때 결혼을 했다) 목사로 있는 성주에 갔다가 강릉 외가로 가는 길에 안동에 들러 퇴계를 만났다. 율곡은 이틀을 머물며 자신보다 35세나 많은 이황과 많은 대화를 나누었다. 율곡이 이황을 평가한 부분은 앞에서 인용한 바 있으니 이번에는 이황이 율곡을 어떻게 보았는지를 살피기로 한다. 이황은 후생가외, 즉 후배가 두려워할 만하다는 공자의 말씀이 사실이라는 것을 깨달았다고 말했다. 젊은 후배에게 할 수 있는 최상의 칭찬을 베푼 셈이다(역시나 훌륭한 퇴계의 인품!). 이후 율곡과 편지를 주고받으며 인연을 이어가던 이황은 훗날 어느 편지에서는 율곡을 살짝 혼내기도 했다.

그대가 논리를 펴는 것을 보니 옛 유학자의 이론을 파악할 때는 반드시 먼저 그 옳지 않은 점을 찾아서 깎고 배척하는 데 힘을 써서 그가 다시 입을 떼지 못하게 한 다음에야 그칩니다.

온화한 이황의 눈에도 다른 이의 단점을 칼같이 찾아내서 비판부터 하고 보는 율곡의 나쁜 습관이 확연하게 보였음을 알 수 있다.

율곡의 과거 도전은 26세 때 일시 중단되었다. 결심이 시들해진 게 아니라 아버지 이원수가 세상을 떠났기 때문이다. 소년 율곡의 심정이 어떠했는지 우리는 전혀 알 수 없다. 앞서 말했듯 율곡은 아버지에 대한 그 어떤 추모의 글도 쓰지 않았기 때문이다. 이황이 세상을 떠났을 때 율곡은 이렇게 애도했다.

> 소자가 학문의 길을 잃어 방황하며 방향이 혼미하여, 사나운 말이 가시밭과 황무지로 마구 달리듯 했습니다. 수레를 돌리고 길을 바꿀 수 있었던 것은 공께서 이끌어 주신 덕분입니다.

소년 율곡이 아버지를 추모하는 글을 쓰지 않은 건, 어쩌면 쓸 내용이 없어서였는지도 모르겠다. 자신이 생각하기에 높이 평가할 부분이 아예 없는 삶이었으므로 차라리 쓰지 않는 것이 더 나았겠다고 여겨서였는지도 모르겠다. 물론 진실은 율곡만이 안다. 슬픔이 그리 깊지 않았다고 추측할 수 있는 또 다른 이유는 율곡이 삼년상을 치르자마자 기다렸다는 듯 과거에 연속으로 도전했다는 점이다. 신사임당을 잃고 그 충격으로 금강산에 들어가 승려가 되려고 결심했던 부분과는 여러모로 차이가 난다. 물론 공식적인 애도 연한은 모두 지켰으므로 불효라고 말할 수는 없다. 하지만 아버지가 세상을 떠난 후 치른 과거에서 연거푸 장원급제를 했다는 사실도 생각하기에 따라서는 참 역설적이다. 심하게 말하자면 소년 율곡은 약간의 홀가분한 기분마저도 느꼈다고 추측할 수 있다.

아무튼, 소년 율곡은 29세 되던 1564년, 그야말로 놀라운 성취를 이루었다. 생원시(초시, 복시), 진사시(초시, 복시), 문과 식년시(초시, 복시, 전시)에서 모두 장원으로 급제해 곧바로 정6품 호조좌랑 자리를 제수받았다. 율곡의 뒤를 그림자처럼 따라다니는 명예로운 호칭이 바로 구도장원공九度壯元公으로 '과거에 아홉 번 장원한 분'이라는 뜻이다. 이해에 율곡은 일곱 차례 장원급제했으므로 엄밀히 말하면 사실이 아니다. 전에 장원급제한 것을 합산했나 하고 생각할 수도 있겠지만 그건 좀 억지스럽고 이상하다. 아무튼, 일곱 차례 장원급제한 것도 전례를 찾아볼 수 없는 놀라운 성과라는 건 분명하다.

혜성처럼 등장한 율곡의 명성이 임금 명종의 귀에 들어간 것은 당연한 일, 명종은 율곡을 불러 직접 얼굴을 본 뒤시를 짓게 했다. 임금에 대한 의례적인 칭찬 부분을 제외하면 다음과 같은 구절이 눈에 들어온다.

> 관리 자리를 구함이 어찌 잘 먹고 잘 살자는 것이겠는가,
> 미약한 재주나마 임금님 잘 보필하기를 바랄 뿐.
> 깊은 계곡에 임한 듯 조심하고,
> 큰 냇물 건너듯 두려워해야지.

3행과 4행은 전전긍긍, 즉 조심 또 조심하며 살아가겠다는 것으로 후대인인 정약용의 여유당을 떠올리게 한다. 물론 남인인 정약용은 율곡보다는 이황을 더욱 존경했던 사람이기는 하나, 삶에서 얻은 깨달음은 율곡의 그것과 참 비슷하다.

이제 결론이다. 소년 율곡은 금강산에서 돌아와 〈자경문〉을 쓴 20세에 새로운 사람으로 다시 태어났다. 한 사람의 생애에서 어떤 사건을 전후로 전과 후가 이토록 완벽하게 대비되는 경우도 많지 않다고 본다. 이후 과거 시험에서 장원을 석권한 건 〈자경문〉을 쓴 율곡에겐 당연한 후일담

이었다. 이후 율곡의 일생이 어떻게 흘러갔는지 궁금한 이들은 어른이 된 그의 나날들을 한번 찾아보는 것도 나쁘지 않겠다. 천재, 천재 하는 느낌이 곳곳에 드러나 좀 짜증스럽기는 해도 행동하는 인간 율곡의 삶은 여전히 흥미롭기 때문이다.

5장

죽음을 일찍 깨달은 소년

_1592년, 허균

1592년 가을과 겨울 사이의 어느 날, 24세 소년 허균은 끝없이 긴 시간을 걷고 또 걸어 벌판에 이르렀다. 벌판이기는 했으나 사방은 연기로 가득했다. 가슴이 답답했고 눈을 제대로 뜨기도 어려웠다. 실눈을 만들어 주변을 살폈다. 사람은 단 한 명도 보이지 않았다. 움직이는 짐승도 없었다. 이승인지 저승인지 분간도 되지 않았다. 부르르 온몸을 떨며 힘겹게 버티고 선 나무들이 겨우 눈에 들어왔다. 서럽고도 반가워서 서둘러 다가가 그들 앞에 섰다. 나무들은 모두 검었다. 껍질이 낙엽처럼 뚝뚝 저절로 벗겨졌다. 쓰다듬는 가벼운 손길에는 아예 투항하듯 쉬지 않고 떨어졌다. 눈으로 보다가 손으로 들어 올렸다. 껍질에서는 붉은 피가 흘렀다. 휘, 휑한 바람이 불었다. 나무가 마른 울음을 울었다. 사람처럼 숨을 죽이고 나무가 속으로 엉엉 울었다. 허균도 함께 울었고 자신의 울음소리에 놀라 눈을 떴다.

꿈이었다. 왜란이 시작되기 전에 처음 꾸었던 꿈, 어둡고 슬퍼서 심기를 무척 불편하게 했던 꿈, 이즈음엔 거의 매일 반복해 나타났다. 그동안 보았던 검은 나무들의 숫자를 헤아리기도 어려울 지경이었다. 한숨 한 번 쉬고 일어난 허균은 창가로 다가가 밖을 보았다. 생각보다 오래 잠자리에 있었던 모양이다. 해는 이미 떠오른 지 오래, 그러나 구름이 짙어 해가 뜨지 않은 것처럼 어둑하고 희끄무레했다. 허균은 문장 하나를 툭 던졌다.

"어둡고 참담하구나."

때맞춰 일어나면 동해에서 뜨는 해를 제일 먼저 볼 수 있다고 하여 붙인 애일愛日이라는 밝고 따뜻한 집 이름이 어울리지 않는, 높다란 언덕에 있는데도 바다 깊숙이 가라앉은 기분이 드는 집에서 맞는 첫 아침이었다. 어스름한 빛에 적응한 눈에 정원 풍경이 들어왔다. 나무들은 메말랐고, 잡초들은 사람을 넘어 거인 키만큼 자랐으며, 담쟁이덩굴은 정원 귀퉁이에 선 정자의 기둥과 지붕을 아예 뒤덮었다. 허균의 머리 위에서 뚝뚝 소리가 났다. 기둥과 서까래가 토해내는 비명이었다. 집의 운명 또한 정원과 다르지 않았다. 난국을 피해 왔는데 또 다른 난국이 기다리는 형국이었다.

이대로 두고 보았다가는 무너지고 사라지는 건 시간문제일 것이다. 예조참판을 역임했던 외할아버지 김광철이 살아 있던 시절엔 해 뜨는 참판 댁이라 불리며 명성에 어울리는 위엄과 아름다움을 승승장구의 화려한 분위기 속에 간직했던 집이었다. 왜란이 나기 전에도 후손들이 정성껏 돌보았기에 명성은 그대로 유지되었다. 불과 서너 달이 지났을 뿐이었다. 그사이 집은 폐허로 변해버렸다.

"어찌 이럴 수가…… 어떻게…… 이 집이……."

허균의 귀에 또 다른 울음소리가 환청처럼 들려왔다. 환청은 아니었다. 바로 어제, 험난한 노정의 끝에 지칠 대로 지쳐서 애일당에 들어선 어머니 강릉 김씨는 처참한 집의 모습에 말문을 잇지 못했고 끝내 그 자리에 주저앉아 울음을 터뜨렸다. 허균의 가슴도 먹먹해졌다. 어머니는 애일당에서 어린 시절을 보냈고 기억에는 없으나 자신 또한 이곳, 해 뜨는 참판 댁에서 태어났다고 한다. 허균은 고개를 저으며 어머니에게서 돌아섰다. 울음소리를 더 듣고 싶지는 않았고 함께 울고 싶지도 않았다. 울음소리는 너무 많이 들었고 더 흘릴 눈물조차 자신에겐 남아 있지 않았기에.

어제의 울음이 귓속에서 조금씩 줄어들다가 마침내 사라졌다. 허균은 귓불을 한 번 매만지고는 문을 열고 밖으로 나가 정원에 섰다. 주먹과 다리에 힘을 주었다가 풀기를 반복했다. 이유는 하나, 우선은 할 수 있는 일부터 하기 위하여. 허균은 전날의 긴 노동 끝에 짧은 휴식을 취하던 낫을 다시 들고 잡초를 향해 다가갔다.

⁂

허균은 1569년 11월 3일 묘시(5~7시)에 태어났다. 사주로 볼 때 마갈궁에 속하다고, 훗날 허균은 적었다. 동지가 있었으니 대문장가 한유와 소식 또한 마갈궁이었다. 험난한 사주였다. 액이 많고 가난하며, 이유 없이 비방을 많이 당한다는. 불행 중 다행이랄까, 좋은 점도 두세 가지 있기는 했다. 수명이 짧지 않겠으며, 재주가 대단해 그 이름이 후세에 널리 전해진다고 했다. 문장가로서, 이슈메이커로서―요즈음 살았다면 분명 유튜브를 평정했을 터―허균의 명성을 익히 아는 우리의 입장에서 볼 때 그의 삶을 꽤 그럴듯하게 예언한 것처럼 들린다. 허균 스스로도 이에 대한 자부심이 무척 강했듯 다음과 같은 자화자찬 격의 시구를 남기기도 했다.

지금 너의 명성은

두 분에 비견할 만하니,

원망 말고 허물 말고

흐르는 물처럼 순리대로 살도록.

　다만 허균은 50세에, 그것도 죽기 직전까지도 전혀 예상하지 못했던 죽음을 맞았기에 긴 수명 운운하는 부분에는 반론의 여지가 있겠다. 하지만 당시의 평균 수명을 생각하면 요절이 아닌 것은 분명하다. 이 글의 관심사는 아니므로 그냥 넘어가자. 훗날 왕복 달리기하듯 관직을 얻었다 쫓겨나기를 반복하던 허균은 자신의 사주를 살피며 시대에 받아들여지지 못한 채 곤궁하고 버림받은 자신의 삶의 의미를 여러 번 곱씹어 보았다고 한다(한 가지 흥미로운 건 훗날의 대문장가 박지원의 사주 또한 마갈궁이라는 점이다. 같은 사주인 두 사람의 삶의 궤적을 비교해 보는 것도 또 다른 재미있는 주제겠다).

　허균의 어린 시절을 소개하기에 앞서 가족에 대해 먼저 이야기하려 한다. 자기소개서에도 가족 이야기는 쓰지 않는 게 요즘 추세이긴 하나 허균의 가족은 보통 가족이 아니었던 데다가 우리의 허균은 가족의 영향을 누구보다도 많이 받았던 소년이었으므로 빼놓기는 어렵다. 허균의 아버지 허엽은 서경덕의 제자로 동부승지, 대사성, 삼척부사 등을 지냈으며 조정이 동서로 갈라졌을 때 동인의 영수가 되었다. 이이의 냉정한 평가에 따르면 허엽은 '백성을 무마하고 사람들을 인도할 재주가 없는', 관리로서는 자격 미달인 사람이었으며, 학문 또한 엉성해서 의논이 조리가 없고 뜻도 잘 파악하지 못한 사람이었다.

그러나 우리는 허엽은 동인의 영수였으며, 본인은 아니라고 극구 부인했어도 이이는 실은 서인의 영수나 마찬가지였다는 시대적 상황을 감안해야 할 것이다. '학문을 하지 않았더라면 참 좋은 사람이 되었을 것이다'라는, 칭찬인지 욕인지 도무지 파악하기 어려운 이황의 너그럽거나 애매한 견해까지 종합해 보면 허엽은 꼼꼼하게 일을 잘 처리하는 사람이었다기보다는 포용력이 좋았던 사람 쪽에 더 가까웠던 것 같다.

허엽은 첫 번째 부인에게서 1남 2녀를 얻었고, 부인이 세상을 떠난 후 얻은 두 번째 부인 강릉 김씨에게서 다시 2남 1녀를 얻었다. 장남인 허성은 훗날 이조판서까지 지냈으며 뛰어난 인품으로 선조의 사랑을 받았다. 주목해야 할 것은 두 번째 결혼에서 얻은 2남 1녀다. 차남인 허봉은 22세에 문과에 급제한 뒤 젊은 나이에 동인의 거두로 활약했던 경력에서 알 수 있듯 지와 용을 두루 갖춘 천재형 인물이었고, 셋째 딸은 그 유명한 허난설헌이며, 막내가 바로 우리의 주인공 허균이다. 어머니 강릉 김씨의 감수성이 매우 뛰어났다고 하니 허봉, 허난설헌, 허균은 어머니의 기질을 그대로 물려받았던 것으로 보인다. 당시 세간에서는 허엽과 세 아들, 그리고 허난설헌까지 더해 오 문장가라고 불렀다는 사실을 미리 알아두면 좋겠다.

허균은 허엽이 53세라는 늦은 나이에 얻은 아들이었다. 다른 형제들과 나이 차도 상당했다. 허균이 태어났을 때 장남 허성은 22세였고, 차남 허봉은 19세였고, 바로 윗누이인 허난설헌은 7세였다. 허균이 부모와 형, 누나들의 사랑을 한 몸에 받고 자랐다고 추측할 수 있는 대목이다. 나이 차가 어느 정도 있으니 막내가 받는 독점적인 사랑을 형과 누나가 질투할 이유도 없었다. 그러니까 허균은 귀한 집의 귀염둥이 막내로서 누릴 것을 모두 누리며 어린 시절을 보냈던 셈이다. 훗날 나타나는 허균의 자유로운 기질 이면에는 분명 온갖 사랑을 받고 자란 철부지 막내의 모습이 자리하고 있다.

허균은 대략 9세 때부터 글을 배우기 시작했던 것으로 보인다. 천재에게 따라다니는 믿기 어려운 놀라운 이야기

하나가 허균에게도 존재한다. 9세 소년 허균이 지었던 시들은 나이에 비해 제법 수준이 높았던 것 같다(아쉽게도 어떤 시였는지는 전하지 않는다). 주위 사람들이 허씨 집안에 또 한 명의 훌륭한 문장가가 태어났다며 앞다투어 칭찬을 했는데, 매형인 우성전(이황의 제자로 남북 분당 시 남인의 영수가 되었으며 대사성을 역임했다)만은 무슨 이유에선지 삐딱한 태도를 보이며 이렇게 말했다고 한다.

"문장을 잘하는 선비가 될 것은 분명합니다. 하지만 허씨 집안을 뒤엎을 사람도 바로 이 아이일 겁니다."

정말 우성전이 9세 소년에 대해 그렇게 험한 말을 했을까, 집안 식구라고는 해도 형이나 누나도 아니고 사위인데, 하는 의구심이 당연히 드는 대목이나 이 이야기의 진실 여부를 가리기란 어차피 불가능하므로 우리는 그저 소년 허균의 글솜씨가 예사롭지 않았음을 증명하는 이야기 정도로만 받아들이면 되겠다. 우성전의 지나친 염려와는 달리 이 시절 허균은 글공부에 재미를 들이고 또래 친구와 놀기를 좋아하는 보통의 소년이었다. 허균은 임수정, 임현, 최천건 등의 친구를 사귀었는데 그들과 늘 붙어 다녔던 어린 시절을 회고하는 허균의 글은 솔직하고 따뜻하고 천진한 느낌을 준다(훗날 허균이 친구들과 나눈 편지들은 대개 느낌이 비슷하다. 기본적으로 허균은 사람을 무척 좋아하는 스타일이었다).

> 파피리 불고 죽마 타던 때부터 책을 끼고 스승을 찾아 글
> 방에서 재주를 겨루던 나이에 이를 때까지, 발을 나란히
> 하고 다니지 않은 적이 없었고, 어깨를 맞대고 다니지 않
> 은 적이 없었다. 낮이면 책상에 마주 앉아 글을 읽었고, 밤
> 이면 베개를 함께 베고 잠들었다. 한때라도 서로 떨어져
> 있었던 적이 없었다.

안타깝게도 임수정과 임현은 서른 몇 해만을 살고 세상
을 떠났다. 또 다른 죽마고우 최천건은 관료로 자리를 잡은
뒤 문제 많은 친구 허균을 위해 관직을 알아보는 등 물심양
면에서 큰 도움을 주었다. 최천건에게 보낸 편지에서 허균
은 '대장부의 일생은 관뚜껑을 덮고 나서야 판단할 수 있는
법'이라는, 호방하면서도 자신의 앞날을 정확하게 내다본
듯한 구절을 인용해 쓰기도 했다는 점은 알아두면 좋겠다.
소년 허균이 본격적인 공부를 시작한 건 11~12세 무렵
이었다. 《논어》와 《통감》부터 읽었는데 '일 년도 안 되어 문
장의 이치를 환히 알았다'고 한다. 특이한 점은 아버지 허
엽이 아들에게 우리나라 역사를 가르쳤다는 부분이다. 선

비 대부분이 남의 나라 역사인 중국사만 파고 또 팠던 사실을 감안하면 허엽은 허균의 아버지답게 꽤 독특한 사고를 지닌 사람이었던 셈이다.

구김살 없이 자라던 소년 허균에게 이즈음 가슴 아픈 일이 한 가지 일어났다. 허엽이 세상을 떠난 것이다. 아버지를 잃은 아픔이 12세 소년 허균에게 어느 정도의 상처를 남겼는지 정확히 말하기는 어렵다. 그러나 훗날 마주한 또 다른 죽음들에 비해서는 비교적 여파가 적었다고 추측할 수 있다.

저는 12세 때 아버지를 여의었습니다. 그러다 보니 어머니와 형들은 저를 불쌍히 여기고 아끼셔서 꾸지람을 전혀 하지 않으셨지요.

죽음의 의미를 깨닫기에는 아직 어린 나이이기도 했고, 허엽이 공무로 무척 바빴던 사람임을 고려해 보면 허균이 아버지와 함께했던 시간은 상대적으로 그렇게 많지는 않았을 것이다. 무엇보다도 허균 주위에는 아버지를 대신할 가족들이 여전히 남아 있었다. 그중에서도 작은형 허봉은 소년 허균의 형이자 삼촌이자 아버지이자 친구 역할까지

해주었던, 허균이 가장 믿고 따랐던 가족이었다. 허봉은 허균이 4세 되던 해인 1572년, 22세의 나이로 문과에 급제했으며 이후 예조좌랑, 사헌부지평, 홍문관응교 등 이른바 청요직을 두루 거치며 승승장구했다. 큰형 허성이 1583년 35세의 약간은 늦은 나이로 문과에 급제한 점과 비교가 되는 부분이다. 소년 허균은 대략 13세 즈음인 1581년부터 과거 공부를 시작한 것으로 보인다. 그런데 이와 관련해 허균은 재미있는 말을 남겼다.

조금 자라서는 사람들이 과거 공부하는 것을 보곤 흉내를 냈지요. 그러다가 빨리 이루고 싶은 마음이 생겨 육경과 여러 역사서를 두루 읽었습니다.

과거 공부하는 사람은 아마도 큰형 허성, 빨리 이루고 싶은 마음을 심어주었던 사람은 작은형 허봉일 것이다. 빨리 이루고 싶은 마음이 생겼다는 건 거북이처럼 느릿한 큰형이 아닌 여우처럼 빠릿빠릿한 작은형을 정신적 '멘토'로 삼았다는 의미겠다. 나는 이 결정이 소년 허균의 운명을 좌우했다고 생각한다. 천재라기보다는 인품이 훌륭했던 허성을 롤모델로 삼았다면 허균의 일생은 무난했을 것이다. 그러나 이는 있을 수 없는 일이기도 했다. 허봉은 동복형이기도 했고, 허균은 태어났을 때부터 이미 어린 허봉이었으므로. 기질과 능력 모두 허봉의 판박이였으므로.

허봉은 7세 때 글을 지을 줄 알았으며, 허균은 9세 때 시를 지었다. 허봉은 총기가 뛰어나서 책을 한 번 읽으면 잊지 않았는데 허균 또한 탁월한 기억력으로 유명했다. 허봉은 18세에 생원시에 급제했고, 22세에 문과에 급제했다. 허균은 21세에 생원시에 급제했고, 26세에 문과에 급제했다. 허봉은 승려인 사명당과 친교를 맺고 서얼인 이달과도 우정을 나누는 등 당대 선비로서는 드물게 이단적이거나 개방적이었다. 허균은 관직 내내 불교를 숭상한다는 비방을 받았고 신선술 등 도교에 관심을 가졌으며 이재영을 비롯한 서얼들과 가까이 지냈다. 심지어는 상중에 기생을 가까이했다는 민망한 구설수마저도 똑같았다. 그러므로 큰형이 아닌 작은형을 멘토로 삼은 건 허균의 선택이었다기보다는 운명에 더 가까웠다고 말할 수 있겠다. 작은형처럼 반짝반짝 빛나는 머리를 지니고 태어난 허균은 과거 공부에서도 이내 두각을 드러냈다. 허균의 말을 직접 인용한다.

겁도 없이 하루에 수만 자를 읽었습니다. 입만 열면 문장이 줄줄 나왔으니, 사람들은 총명과 민첩함이 남달리 뛰어나다고 칭찬했습니다. 저 또한 스스로 뽐내는 마음이 생겼지요. 학문과 문장이 박람강기博覽强記, 즉 책을 널리 읽고 기억을 잘하는 데 있지 않다는 사실을 그때는 전혀 알지 못했습니다.

마지막 문장만 보면 제법 겸허함 마음이 엿보이기도 하지만 속아서는 안 된다. 뛰어난 머리로 남보다 빠르게 책을 읽었고 쉽게 외웠다는, 천재들 특유의 진솔한(?) 자기 자랑으로 보는 게 맥락에 맞는 독법일 것이다. 이러한 허균에게 같은 부류인 허봉의 칭찬은 큰 기쁨으로 다가왔음이 분명하다. 15세 소년 허균의 마음을 설레게 했을 허봉의 시를 인용한다.

> 내 아우의 재주가 옛사람의 수준에 딱 어울리는구나.
> 열다섯밖에 되지 않은 아이가
> 필봉이 늠름해 서릿발 창도 밀쳐내다니(대단하구나).

그런데 소년 허균의 롤모델이었던 허봉의 삶에 갑작스러운 브레이크가 걸린다. 동서 당쟁이 격심해지던 와중에 동인의 입장에 서서 병조판서 이이를 탄핵하던 허봉이 실각하고 함경도 갑산으로 유배된 것이다. 이이가 요청한 사항은 아니었다. 이이는 허봉이 자신에게 악의를 갖고 있었던 것도 아니며 그의 재주가 아까우니 관대한 처분을 내려달라고 선조에게 청을 올렸다. 그러나 선조는 이이의 청을 들어주지 않았다. 이이는 원하지 않았으나 당파 간의 싸움은 이미 피할 수 없는 현실이었다. 유배지에서의 처참했을 심정은 허균에게 보내온 다음의 시 한 편으로 잘 알 수 있다.

네 생각 하다가 어머니 그리워 다시 눈물 흘린다.
한강 남쪽 언덕엔 봄풀 새로 돋았겠다.

허봉은 이이가 죽은 이후에야 유배에서 풀려났다. 서울에는 들어올 수 없다는 조건이 달렸다. 허봉의 유배는 소년 허균에게 세상의 부조리함을 생각하게 만드는 첫 번째 사건이 되었다. 허균이 보기에 작은형 허봉은 그저 바른말을 했을 뿐이었다. 바른말을 하는 건 관리가 해야 할 본분이다. 그런데 본분을 다한 대가가 유배라면 과연 그 누가 임금에게 바른말을 하겠는가? 허균은 여태까지 금과옥조로 믿었던 군신 간의 의리, 즉 유교의 지향점이 과연 올바른 것인지 하는 회의에 처음으로 빠지게 되었다.

> (작은형은) 올바른 생각을 하나 가지게 되면, 굳게 잡고서 흔들리지 않았다. 비록 임금 앞이라도 굽힘이 없었다. 때때로 임금의 얼굴이 일그러질 정도로 힘껏 아뢰었다. 임금이 화를 내면 옆 사람들은 식은땀을 줄줄 흘렸으나 작은형은 꿈쩍도 하지 않았다.

허봉의 유배가 마냥 나쁜 것은 아니었다. 이후 소년 허균의 삶을 바꾼 중요한 계기가 되었으니. 무슨 말인가 하면 허봉이 관리 생활을 마감한 덕분에 허균은 자신이 그토록 닮기 원했던 작은형을 스승으로 모실 수 있었기 때문이다. 허균은 18세 되던 해인 1586년, 유배에서 풀려나 백운산에 머물던—허균의 표현에 따르면 산수 간에 방랑하며 스스로 세월을 즐기며 살았던—작은형 허봉을 찾아가 시와 문장을 배우기 시작했다. 이때 작은형으로부터 같은 사주를 타고 난 두 스승 한유와 소식의 글을 배웠다고 허균은 고백하고 있다. 그러나 시와 문장보다 더 중요한 것들이 있었다. 소년 허균은 작은형 허봉의 풍류와 사상을 배웠고, 허봉이 아끼던 사람들을 만나 그들에게서 깊은 깨우침을 얻었다. 허봉은 술을 입에 달고 살았고, 늘 읽고 외웠던 이태백을 본받아 신선의 삶을 동경했으며, 다른 한편으로는 상실감을 이겨내기 위한 방편으로 불교에 심취했다. 훗날 허균의 삶에 작은형 허봉의 그림자가 짙게 드리워져 있었다는 건 더 강조할 필요도 없겠다.

이제 허봉이 아끼던 사람들을 소개할 차례다. 허균은 그 사람들을 유산처럼 그대로 물려받았다고 해도 과언이 아니므로. 가장 먼저 이야기해야 할 인물은 이달이다. 이달은 젊어서 읽지 않은 책이 없다고 자부했을 만큼 독서광이었고 화려한 당나라 시의 대가였다. 그러나 세상은 그를 인정하지 않았다. 서얼이었기 때문이다. 허봉은 달랐다. 허봉은 이달을 기꺼이 벗으로 삼았고, 자신의 두 동생 허균과 허난설헌에게 시를 가르치도록 했다. 이달은 술 마시기를 좋아하고, 성품이 호탕하고, 세속의 예의범절에 서툴렀으며, 한 곳에 안주하지 못하고 사방팔방으로 떠돌아다닌 사람이었다. 뒤집어 말하면 허봉과 허균이 딱 좋아할 만한 부류, 즉 유교가 부여한 엄정한 삶의 방식을 백안시한 사람이었다는 뜻이다. 훗날 허균은 스승 이달의 문집을 발간하며 이렇게 썼다.

곤궁한 운명 속에서 늙어간 것은 분명 그가 시인이었기 때문이다. 몸은 곤궁했어도 불후의 작품을 남겼으니 어찌 한 시절의 부귀로 이 같은 명예와 바꿀 수 있겠는가! 지은 글들이 거의 다 없어진 상황이었다. 내가 남은 작품을 가려내 네 권의 책으로 만들었다.

허봉이 사귀었던 인물 중 우리가 그 이름을 들어보았을 만한 이가 있다. 바로 사명당이다. 승려이면서도 학식이 높고 용맹했던 사명당과 허봉은 선비와 승려라는 차이는 있어도 기질적으로 무척 비슷한 사람이었다. 허봉이 세상을 떠났을 때 사명당은 슬프게 곡을 했으며, 고통스럽고 처절한 단어들로 가득한 시로 고인을 추모했다는 기록으로 볼 때 두 사람의 사이는 보통이 아니었던 것 같다. 사명당의 모습을 지켜보았던 허균이 이렇듯 생사에 집착해서야 훌륭한 스님이 될 수 있을까 하고 진지하게 걱정까지 했을 정도였다고 한다. 이후 사명당을 여러 차례 만나면서 허균은 그의 사람됨을 제대로 알게 되었고 평생 스승으로 대우하게 되었다. 사명당은 허균을 어떻게 생각했을까? 다음과 같은 시를 허균에게 남긴 것으로 보아 사명당의 사람 보는 눈은 꽤 정확하다 하겠다.

남의 잘잘못을 말하지 말게나,

이로움은 없고 재앙만 부른다네.

입 지키기를 마개로 병 막듯 하게나,

몸을 편안하게 하는 으뜸 방법이라네.

　허봉과 관련된 인물 중 가장 나이가 어린 사람은 금각이었다. 허균보다 두 살 어린 금각은 꽤 이른 시기부터 허봉을 쫓아다니며 글을 배웠던 것 같다. 허봉이 허균의 재주를 높게 평가했던 시(열다섯밖에 되지 않은 아이가 / 필봉이 늠름해 서릿발 창도 밀쳐내다니)에 금각의 이름 또한 등장하기 때문이다(금군[금각]은 빼어나 옛사람의 자취를 좇을 만하네). 금각은 허봉이 백운산에 거처를 정한 후에도 가장 먼저 달려가 글을 배웠으며, 허균에게 만나고 싶으니 어서 빨리 오라는 편지까지 보냈다. 허균은 갓 결혼한 새신랑이라 바로 가지 못하고 다음 해에 형을 찾아가 금각을 만났다. 눈 높은 허봉이 일찌감치 재능을 인정한 소년이었다. 허균에 따르면 허봉은 금각의 아버지 금난수에게 "총명하고 영특해서 또래보다 이만저만 뛰어난 게 아닙니다. 오히려 저의 스승이라 말하는 게 옳겠습니다"라는 극찬의 편지를 보냈다고 한다. 이런 금각이 친구라면 사족을 못 쓰는 허균의 마음에 들지 않았을 리 없다. 실제로 만난 금각은 허봉의 칭찬과 다르지 않았다. 학문의 성취는 빼어났고 인격에는 부족함이 없었다.

> 금각은 마음이 편안하고 욕심이 없으며 행동에 법도가 있었다. …… 문학이 높고 깊었으며 뜻이 원대했다.

허균은 금각을 작은형처럼 대했다. '우러러보기를 높은 소나무처럼' 했다. 그렇기는 해도 나이가 비슷한 둘은 좋은 친구였다. 아마도 금각은 허균이 처음 사귄 진짜 친구였던 것 같다.

> 아침저녁으로 함께 노닐었다. 서로 잘못을 다듬어 바로잡아 주었으니, 우리의 우정은 친형제와 다름없었다.

그러나 친형제 같던 우정은 길게 이어지지 못했다. 서로의 마음이 변해서가 아니었다. 금각이 18세 이른 나이로 세상을 떠났기 때문이다. 마음을 나누었던 친구를 잃은 소년 허균의 슬픔은 꽤 깊었다. 몸을 돌보며 공부하라는 주위의 권유에 좋아서 하는 일이라서 힘든 줄 전혀 모르겠다고 대답했던 금각이었다. 세상의 모든 책을 다 읽고 싶다는 포부를 밝혔던 금각이었다. 자신의 병을 운명으로 여기며 담담하게 받아들였던 금각이었다. 훗날 허균은 금각의 묘지명을 지었고 글의 마지막에 이렇게 썼다.

> 그(금각)는 병중에 있으면서 스스로 자기의 묘지명을 지었다.
> "금각의 자는 언공이다. 일곱에 글을 배웠고 열여덟에 죽었다. 뜻은 원대했으나 나이 젊어 죽었으니 운명이다."
> 임종할 무렵에는 스스로 자신의 제문을 지었다.
> "아버님, 어머님! 나를 위해 울지 마세요."

금각이 죽었을 때만 해도 허균은 당분간 그런 슬픈 죽음은 또 다시 경험하지 못하리라 여겼을 것이다. 그렇지 않았다. 금각의 죽음은 시작에 불과했다. 38세였던 작은형 허봉이 거의 같은 시기에 세상을 떠난 것이다. 죽기 얼마 전 금강산으로 떠나 암자에 머물던 허봉은 동생 허균을 그리워하는 시 한 편을 보냈는데 그것이 마지막 글이 되었다.

팔월 보름날 밤

비로봉 위에 나 홀로 섰다.

……

형님은 순천, 아우는 명례방에 있는데,

해마다 헤어져 있는 설움으로

괴롭게 흘리는 눈물이 가을 서리를 적시네.

자신의 앞길을 비추어 주던 등대 격이었던 작은형을 잃은 허균의 마음이 어땠을지 짐작하기는 어렵지 않다. 슬픔을 직설적으로 토로한 글보다 오히려 읽는 이의 마음을 더 아프게 하는 시 한 편을 소개한다.

스님 하는 말이, 작은형과 노닐며

좋은 경치 찾아 그윽한 곳을 다 다녔다네.

그때 지은 시를 내보이니

읽다가 눈물 흐르네.

서글퍼라 형님 잃은 내 마음

아득히 구름 바라보며 그리워하네.

허봉이 죽은 뒤 15년 후 허균은 금강산을 찾았다. 원통사라는 절에서 승려 한 분을 만났는데 그 승려는 작은형의 마지막 날들을 함께했던 이였다. 허균의 시를 보면 15년이 흘렀음에도 슬픔은 조금도 줄어들지 않았음을 확인할 수 있다.

친구와 작은형의 죽음으로도 이미 충격을 받았을 허균이지만 또 다른 죽음이 번호표를 뽑고 대기 중이었다. 이듬해인 1589년 3월, 누나인 허난설헌이 27세로 세상을 떠났다. 허봉이 허균의 롤모델이었다면 허난설헌은 가장 이야기를 많이 나누었고 사적으로 친밀했던 누나였다.

나의 죽은 누님은 어질고도 글재주가 있었지만, 시어머니에게 잘못 보였으며, 또 두 자식을 잃은 뒤에 드디어 한을 품고 죽었다. 생각할 때마다 사무치는 슬픔을 이겨낼 수 없었다.

가까운 이들을 세 명 연속으로 잃은 허균의 마음이 얼마나 아팠을까? 죽음이 지금보다는 이른 시기에 다가왔던 시대라고는 해도 이렇듯 짧은 시기에 연달아 다가온 죽음은 비교적 자유로운 삶을 구가해 왔으며 꽤 낙천적이었던 허균을 분명 충격에 빠뜨렸을 것이다. 그래도 허균은 무너지지 않았다. 삶이란 도대체 왜 이런 걸까, 하늘은 어떤 생각으로 이러한 시련을 내리는 걸까, 하는 생각들이 머리에서 떠나지 않았겠으나 허난설헌의 시집을 내는 것으로 흔들리는 마음을 다잡으려 애썼다. 작은형의 친구이자 자신의 스승이었던 유성룡에게 부탁해 서문까지 받는 등 허균은 22세 소년이 할 수 있는 온 정성을 다했다.

내 친구 허봉은 세상에서 보기 드문 뛰어난 재주를 가졌는데, 불행히 일찍 죽었다. 나는 그가 남긴 글을 보고 정말로 무릎을 치면서 탄복하여 칭찬해 마지않았다. 하루는 허봉의 아우 허균이 그의 죽은 누이가 지은 시들을 가져와 보여주었다. 나는 놀라서 말했다.

"훌륭하구나. 부인의 말이 아니다. 허씨 집안에는 뛰어난 재주를 가진 사람이 어찌 이토록 많은가?"

잇따른 죽음이 이 정도로 마무리되었더라면 사랑을 듬뿍 받고 자랐던 소년 허균은 어떻게 해서는 슬픔을 이겨냈을 테고 그의 삶은 우리에게 알려진 것보다는 훨씬 평탄했을 것이다. 하지만 운명은 가혹했다. 세상 이치에 대해 갖고 있던 허균의 생각을 뿌리째 뽑아버린 죽음이 또다시 이어졌다. 바로 아내와 아들의 죽음이었다. 앞서도 잠깐 밝혔

듯 허균은 17세 되던 1585년에 두 살 어린 안동 김씨와 결혼했다. 허균의 조금은 요란해 보이는 성격과는 달리 안동 김씨는 차분한 성품을 타고 났다.

성품이 신중하고 꾸밈없었으며, 여성으로서 해야 할 일에 조금도 게으름을 부리지 않았고, 말을 하지 못하는 사람으로 보일 만큼 말수가 적었다.

놀기 좋아하는 허균에게 군자는 자신에게 엄격해야 한다는 따끔한 충고를 했고, 시간을 아껴 열심히 공부하라는 권면 또한 잊지 않았다.

재주를 믿고 시간을 흘려보내지 마세요. 시간은 쏜살같이 흐르는 법인데, 뒤늦게 후회해야 무슨 소용이 있겠습니까?

1592년 왜란이 일어났을 때, 허균은 아내와 딸, 어머니와 함께 북쪽 지방으로 피난을 갔다. 강행군이라 건강한 사람도 몸과 마음이 지칠 수밖에 없는 상황이었는데 설상가상 안동 김씨는 임신 중이었다. 함경도 단천에 도착한 후 안동 김씨는 아들을 낳았고 몸을 추스르기도 전인 이틀 후에

왜군이 닥쳤다. 허균과 가족들은 길주로 향했는데 안동 김씨는 고된 이동을 견디지 못하고 세상을 떠났다. 22세였다. 아들 또한 얼마 후 어머니 곁으로 갔다. 계속해서 왜군이 다가오는 상황이라 뒷산에 임시로 묻을 수밖에 없었다.

소를 팔아 관을 사고, 옷을 찢어 염을 했다. 아내의 몸이 여전히 따뜻해 차마 땅에 묻을 수 없었다.

아내와 아이의 죽음을 겪은 이후 나는 삶에 대한 허균의 생각이 완전히 바뀌었다고 추측한다. 그가 딛고 있는 땅은 이제는 전처럼 굳건한 곳이 아니었고, 그가 진리로 믿어왔던 세계는 죽은 이들과 함께 사라졌다. 아내의 일주기를 추모하며 허균은 이렇게 썼다.

한 해 사이 달라진 세상에 마음 상하거늘
오늘도 내 병은 지루하게 남았다.

허균은 훗날 이 시를 다시 읽고는 마치 다른 사람의 시인 것 같아 멍한 기분이 든다고 평했다. 허균이 가졌던 절망감의 깊이를 추측할 수 있다. 아내와 아이를 잃은 허균은 남은 가족과 함께 강릉의 애일당으로 왔다. 허물어진 집과 정원을 손보면서 하루하루를 보냈다. 손으로는 정원과 집을 고쳤고 머리로는 마음을 치유했을 것이다. 그러던 어느 날, 바닷가를 거닐었고 교문암蛟門岩을 만났다. 속이 텅 빈 두 개의 바위다. 사람들이 말하길 원래는 하나의 바위였고 커다란 교룡이 그 안에서 살았다고 한다. 그런데 허균이 태어나기 몇 해 전 교룡은 용이 되어 하늘로 올라갔고, 그 결과 바위는 둘로 갈라진 채 텅 비게 되었다고 한다. 이후 매일 같이 교문암을 보고 또 보면서 허균은 생각했다. 그러다가 깨달음을 하나 얻었다.

'소년 허균은 교룡처럼 하늘로 날아갔구나.'

허균은 그렇게 어른이 되었다. 교룡처럼 소년을 하늘로 떠나보낸 허균은 자신의 호를 교산으로 정했다. 그렇다면 허균에게, 삶의 허무함을 너무 일찍 겪은 허균에게 이 세상은 과연 무엇이었을까? 어떤 의미에서 그림자만 남은 허균은 영원한 나그네였다.

내 몸은 영예에도 치욕에도 편안하니
기쁨도 근심도 마음에 두지 않네.
집에 돌아가도 나그네인 건 나의 운명

오직 하늘에 거취를 맡길 뿐.

나그네의 삶이 이 땅에 깊게 뿌리박고 사는 이들과 같을 수는 없겠다. 안주한 이들이 보기에 허균의 삶은 뜬구름 같았고, 그들이 믿는 진리에 따르지 않았기에 방종해 보였다. 허균은 어떤 식으로 자신의 삶을 변명했을까?

저는 세상에 들어맞지 않는 사람입니다. 생사와 득실에 관한 모든 것을 마음에 담아두기에 부족하다고만 여겼습니다.

허균은 자신의 변명이 통하지 않으면 물러나는 게 아니라 더 강한 언어로 대꾸했다. 뿌리를 단단히 박은 채 도무지 움직이지 않는 이들을, 삶의 어두움을 도무지 바라보려 하지 않는 이들을 매서운 언어로 비웃었다.

그대들은 그대들의 법을 따르라.
나는 내 삶을 살아갈 것이다.

우리는 어른이 된 허균을 세상이 어떻게 평가했는지 잘

알고 있다. 천지 사이의 한 괴물, 이것이 세상이라는 법정이 허균에게 내린 최종 판결이었다. 허균은 어떻게 반응했을까? 아쉽게도 우리는 그것까지는 알 수 없다. 앞서 말했듯 죽기 바로 전까지 자신이 죽는다는 사실을 몰랐던 허균은 너무도 그답게 마지막 순간, 할 말이 있다고 외쳤다. 그러나 그에 대한 판결을 이미 마친 세상은 그의 말을 한마디도 더 듣고 싶어 하지 않았다.

물론, 허균의 삶을 변명하거나 편들 생각은 전혀 없다. 허균에겐 자신이 선택한 삶의 방식을 고수할 자유가 있으니까.

6장

부당한 차별에
눈물을 쏟은 소년

_1761년, 박제가

1761년 7월 23일 새벽, 12세 소년 박제가는 어머니와 함께 문밖에 섰다. 연이를 배웅하기 위해서. 배웅이라는 단어가 올바른지는 확신이 서지 않는다.《표준국어대사전》에 따르면 배웅은 떠나가는 손님을 일정한 곳까지 따라 나가서 작별하여 보내는 일을 말한다. 연이는 손님이 아닌 가족이었고, 떠나가는 게 아니라 끌려갔다. 연이의 목적지는 덕원부, 지금의 원산이었다. 현재의 우리에게도 거리와 심리 양쪽 측면에서 심히 멀고 낯선, 수레조차 갖추지 못하고 살았던 조선 사람들에게는 아예 멀고 먼 북쪽 나라처럼 여겨졌을 북관, 즉 함경도의 동쪽에 속한 땅 원산에서 연이는 3년 유배 기간을 보내야만 하는 것이었다. 연이는 여종이었다. 가족이라고 표현한 건 어머니의 몸종으로 한집에 오래 살았기 때문이고, 제가를 갓난아이 시절부터 돌보았기 때문이다. 멀어지는 연이의 뒷모습을 보면서 제가는 어머니에게 물었다.

"왜 연이가 가야 합니까?"

어머니는 답하지 않았고, 물었던 제가 또한 묵묵부답을 당연하고 유일한 답으로 여겼다. 달리 도리가 없어 형식적으로 어머니에게 향했던 제가의 질문은, 조선이라는 나라, 구체적으로 짚어 말하자면 당시 임금 영조를 향한 것이었으므로. 조선이나 영조가 구름이나 가마를 타고 나타나 제가에게 얘야 그건 말이지 운운하며 직접 답했을 리는 없을 테니 고요한 새벽 거리에 던져진 소년 제가의 질문을 이해하고 답하는 건 우리 몫이다.

연이가 유배를 떠나기 얼마 전 영조는 서울 성안에서 민가를 매입한 양반들의 목록을 조사하라는 명령을 내렸다. 양반들이 자신의 권력을 이용, 민가를 강탈하다시피 하는 사례가 자주 있었기에 영조는 양반들의 민가 구입을 아예 허락하지 않는 법을 시행한 적이 있다. 영조는 법이 제대로 시행되고 있는지 경연에 참여한 고위 관리들에게 기습적으로 물었고 제대로 된 답을 얻지 못하자 곧바로 실무 관리들을 불러 조사를 명했던 것이다. 양반들이 불법 탈법 수단을 동원해 여러 채의 집을 확보한 후 현대의 재벌들처럼 문어발 방식으로 재산을 늘리는 일을 막겠다는, 취지는 좋으나 단속 과정에서 선의의 애꿎은 피해자가 발생할 가능성 또한 무척 높아 보이는 이 법에 제가의 어머니 이 씨가 덜컥 걸려들었다.

얼마 전 필동 집을 사서 이사한 일이 적발되었던 것. 영조의 사돈이자 충실한 지지자였던 약방 도제조 홍봉한이 고개를 갸웃했다는 점으로 미루어볼 때 이 씨는 실무자들의 지나친 열정이 불러온, 이른바 과시용 행정의 희생양이었을 가능성이 높다. 홍봉한은, 후처인 이 씨는 신분이 서얼이며, 구입한 집의 원소유주 또한 양민이 아닌 부유한 양반임을 들어 강매의 여지가 거의 없다고 설명한 후 재고를 요청했다.

시독관 엄린은 홍봉한의 편을 들기 위해 그가 미처 꺼내지 않았던 이름, 즉 박평이라는 비장의 무기까지 꺼내 들었다. 영조의 동정에 호소하기 위함이었다. 이 씨의 남편, 즉 제가의 아버지였던 박평은 불과 일 년 전까지 승지로 영조를 수발하다가 세상을 떠났다. 자신이 단소자短小者라고 부르며 놀려 먹은 바 있던 친숙한 이름을 들었음에도 영조는 단호했다(영조 또한 이해하기 쉬운 성격의 소유자가 아님을 밝혀둔다). 법 집행에 예외가 있어서는 안 된다고 일갈하고는 엄린을 그 자리에서 해임했다. 그것으로 논의 끝이었고 처벌은 번복 없이 결정되었다.

가장인 제가가 유배를 떠나야 했으나 15세 미만 소년의 유배형은 위법이었기에 누군가 대신 죄의 값을 치러야 했고, 지금의 우리로서는 정확히 알 수 없는 이유로 연이가 선택되었다. 그러므로 제가의 질문에 대한 답은 '처벌을 받아야 하는 네가 아직 어려서 연이가 대신 유배를 떠나게 되었다'일 것이다.

하지만 만족스러운 답은 아니다. 소년 제가의 질문이 과연 자신의 눈앞에서 벌어진 현상에 대한 명확한 사실 확인 요청이었을까? 그렇다고 답하기는 어렵다. 우리는 사건의 전후 과정을 살피는 중에 언뜻언뜻 드러난 흔적들을 통해 제가의 삶이 소년치고는 꽤 순탄하지 않다는 점을 이미 확인했다. 집안의 중심이었을 아버지 박평은 이미 세상을 떠났고, 후처였던 어머니와 제가는 어떤 사정에 따라 본가에서 나와 따로 집을 얻었다. 아버지의 사망과 느닷없는 이사만으로도 서러운데 어머니는 서얼이었다. 제가 또한 반쪽 양반인 서얼이라는 뜻이었다. 양반으로서의 대접은 전혀 받지 못하는 신분인데 처벌은 양반보다 더 엄정하게 적용되었다고 느낄 만하다.

물론 영조의 조치가 잘못되었다고 말하기는 어렵다. 융통성이 부족하기는 했어도 한때 측근이었다는 감상적인 이유로 불법을 눈감아 주지는 않았다. 그러나 우리의 주인공인 소년 제가의 입장에서 살펴보면 이야기는 조금 달라진다. 서얼이 아니었다면 본가에서 나올 일도 없었을 테니 집 문제로 처벌을 받지도 않았을 것이다. 서얼 차별은 유교의 종주국인 중국에는 존재하지 않는, 경전 어디에도 없는, 오직 조선에서만 활개를 치는 악법이었다.

그런데도 임금인 영조는 유교 원리에도 어긋나는 적서 차별이라는 근본적인 문제는 외면하고 법규 위반이라는 작은 문제에만 초점을 맞췄다. 소탐대실, 훗날 제가가 정조에게 올린 글에서 '작은 일을 가지고 큰일을 알아볼 수 있습니다'라고 적었던 건 어쩌면 연이를 떠나보내던 날의 씁쓸한 기억이, 해소할 길 없었던 울분이, 손조차 쓸 수 없었던 절망이 가슴 속에 여전히 남았기 때문이라고 해석하면 너무 멀리 나아간 걸까?

제가가 처했던 이러한 상황들을 종합적으로 살펴볼 때 제가의 질문은 "임금님, 이 부조리한 조선 땅에서, 본인 또한 무수리의 아들이었던 임금님조차 도와주지 않는 이 외롭고 냉정한 조선 땅에서 나는 앞으로 누구를 믿고 어떻게

살아가야 합니까?"로 바꾸어도 조금도 이상하지 않다. 소
년 제가의 삶은 어떤 의미에서는 간단히 정리할 수 있다.
해결되지 않은 이 질문에 대한 답을 찾는 과정이었다고 나
는 믿고 싶다.

⁎

12세 어린 나이에 조선 사회의 부조리에 눈을 뜨고 외로움
과 냉정함을 온몸으로 느낀 제가에게도 다른 아이들 못지
않게 행복했던 어린 시절이 있었다. 1756년, 7세 소년 제가
는 청교, 지금의 을지로 5가에서 아버지, 어머니와 함께 살
았다. 언어와 문자에 유독 민감했던 제가는 그즈음 글씨 쓰
는 재미에 푹 빠져 있었다.

제가에게 세상이란 흰 종이와 동의어였다. 제가는 늘 붓
을 입에 물고 다니면서 세상 곳곳에 자신의 흔적을 써 내
려갔다. 동네를 돌아다니다 담벼락을 만나면 글씨를 썼고,
바닥을 보아도 글씨를 썼고, 나무와 부딪혀도 글씨를 썼다.
모래더미에도 글씨를 썼고, 물 위에도 글씨를 썼고, 허공에
도 글씨를 썼다. 집안의 벽이며 족자며 병풍 또한 그냥 보
고 넘기지 않았다. 글씨에 열중하는 모습은 보기에 좋았으

나 사방이 어지러운 글씨로 뒤덮인 집에서 사는 건 어른들에겐 참기 힘든 고역이었다. 제가의 아버지 박평은 참다못해 모종의 조치를 취했으니 그건 바로 세상을 대신할 종이를 선물로 준 것이었다. 영조의 심기를 잘 파악했던 키 작은 남자 박평은 이번에도 정곡을 찔렀다. 제가의 관심이 넓은 세상에서 책 만드는 일로 전환되었다. 훗날 제가는 그 시절에 대해 이렇게 썼다.

아버지께서 다달이 종이를 내려주셔서 나는 날마다 종이를 잘라 책을 만들었다. 책이라야 검지 크기쯤 되어, 두 질을 겹쳐 놓아도 입으로 불면 날아갈 수준이었다. 그래도 아이들에겐 탐나는 물건이었나 보다. 한 권을 묶어 완성하고 나면 번번이 이웃집 아이들이 달라고 했고 혹은 낚아채서 달아나기도 했다. 그러므로 읽고 난 책은 반드시 두세 벌씩 베껴놓곤 했다. 이윽고 해마다 키가 한 자쯤 자람에 따라 책의 크기도 한 마디씩 커졌다.

키가 자람에 따라 책의 크기도 커졌다니, 훗날 문장의 대가가 된 제가다운 기발한 표현이다. 제가는 자신이 만들었던 책의 제목 또한 나열했다. 《대학》, 《맹자》, 《시경》, 《두

시》,《당시》등 제목만 보고도 다른 소년들은 '놀기도 바쁜데 뭐, 굳이 이런 걸' 하고 자연스럽게 옆으로 밀어놓거나 쓰레기통에 처박았을 이 책들을 제가는 9세에서 10세 사이에 만들고 읽었다고 고백한다. 물론 제가가 자신이 (자랑하듯) 말했던 것처럼 책만 만들고 공부만 하며 살았던 건 아니다. 제가 또한 호기심 많은 어린 소년이었기에 장난감 상자에는 감춰두었던 구슬, 떨어진 깃털, 등잔 장식과 송곳자루, 표주박 배와 사철나무로 만든 말, 기와 조각 같은 또래 소년들이 좋아했을 물건들 또한 잔뜩 있었다.

행복한 소년 시절, 혹은 평범한 소년 시절은 길지 않았다. 아버지 박평이 제가 나이 11세 때 세상을 떠났기 때문이다. 당시 평균 수명과 비교해 볼 때 갑작스러운 죽음은 아니었다. 61세라면 천수를 누렸다고 말하기는 어려워도 절대 요절은 아니었으니. 아버지는 고요히 세상을 떠났으나 제가의 삶은 크게 요동을 쳤다. 눈에 띄는 가장 큰 변화는 주거 환경이었다. 제가는 이사를 여러 차례 다녔다. 묵동으로 이사했다가 필동으로 옮겼고, 또 묵동에 세를 들었다가 다시 필동으로 들어갔다.

불과 몇 년 사이에 이뤄진 빈번한 이사는 조선 시대라는 점에서 볼 때 흔한 일은 아니었다. 제가 처한 상황이 그리 녹록하지 않았음을 보여주는 증거라고 말할 수 있겠다. 이러한 정황으로 볼 때 경제 사정 또한 어려웠으리라는 건 추측이라고 말하기도 부끄럽다. 십 대 초반의 소년, 게다가 반쪽 양반인 서얼이기는 하나 아무튼 양반의 일원인 건 분명한 소년이 돈을 벌어올 수는 없는 일이었으므로 집안 건사는 온전히 어머니의 몫이었다. 손재주가 좋았던 제가의 어머니 이 씨는 삯바느질을 생계의 수단으로 삼았다. 제가가 어머니를 회상하며 쓴 글에는 과장이 전혀 없다.

몸에는 온전한 옷을 걸치지 못하셨고, 입에는 맛있는 음식을 대지 못하셨으며, 새벽까지 잠 못 들며 남을 위해 삯바느질하며 자식을 공부시키셨습니다. 자식이 교유하는 사람 중에는 아무개 선생 등 당시에 이름난 사람이 많았는데, 반드시 애써 불러들여 술과 안주를 갖추어 대접하시곤 했습니다.

영민하고 예민했던 제가로서는 어머니의 노동을 그냥 보고 있기가 쉽지 않았을 것이다. 세상의 부조리와 냉정함, 그리고 혼자라는 외로운 감정을 이기지 못한 소년 제가는 분명 수도 없이 많은 눈물을 흘렸을 것이다. 혹여 어머니가 알아챌까 싶어 소리 없이, 몰래. 그러나 눈물은 해답이 아니었다. 제가가 어머니의 은혜에 보답하는 길은 오직 하나, 공부하고 또 공부해 자신의 이름을 세상을 널리 알리는, 그 시대 용어로 말하자면 입신양명하는 것뿐이었다. 어찌 보면 씁쓸한 희망이었다. 사실 제가는 서얼인 터라 이마저도 확실한 답은 못 되었기에. 그렇기는 해도 농사를 지을수도, 장사를 할 수도 없는 끝자락 양반의 처지로서 노려볼수 있는 건 공부의 영역뿐이었다. 그랬기에 제가는 어려운처지를 뻔히 알면서도 이름난 사람들의 옷자락을 물고 늘어져 하나라도 더 배우려고 노력했을 것이다. 훗날 박제가는 어머니의 노고에 대해 이렇게 평가한다.

제가 공부에만 뜻을 두어 오늘날까지 이른 것은 모두 어머니 덕분입니다.

그러나 공부에 몰두하는 가운데에도 소년 제가의 마음한구석은 채워질 수 없는 욕망으로 어딘가 허전했다. 앞에서도 말했듯 제가는 천성적으로 영민하고 예민했다. 둘 중하나만 가졌다면 세상살이가 조금 편해졌겠지만, 불행히도제가는 둘 모두가 가히 최고였다. 다행인지, 불행인지, 이

둘을 가진 자가 어떤 모습과 성격을 지니게 되는지 제가는 정확히 알고 있었다.

> 고고한 사람만을 가려 더욱 가까이 지내고, 권세 있는 자를 보면 일부러 더 멀리했다. 그런 까닭에 세상과 맞는 경우가 드물어 언제나 가난했다.

영민한 제가는 세상을 살아나가는 데 권세가 필수 불가결한 요소라는 사실을 일찍 깨달았다. 그러나 예민한 제가는 권세를 불의와 동의어로 여겨 그 방향으로 나아가기를 주저했고 고고함에 자꾸만 눈길을 주었다. 고고孤高는 세상일에 초연하여 홀로 고상하다는 뜻이다. 또 다른 고고孤苦는 외롭고 가난한 건 혼탁한 세상에서 홀로 고상할 때 필연적으로 따르는 결과일 터다. 그럼에도 제가는 고고함에 대한 끌림을 버리지 못했고, 아니 오히려 갈망했고, 기나긴 모색 끝에 고고함이라는 단어에 어울리는 사람을 만났다. 그의 이름은 백동수였다.

> 백동수는 진작부터 이름이 알려진 유명인으로, 그와 사귄 친구들이 온 나라에 두루 퍼져 있었다. 위로는 정승과 판

서, 목사와 관찰사에서, 조금 아래로는 성공한 사람과 이름난 선비들이 그들이었다. …… 말 달리고 활 쏘며 칼로 치고 주먹을 뽐내는 부류와 …… 농부, 어부, 백정, 장사치 등의 천한 사내들과도 가까워서 하루도 길에서 만나 정을 나누지 않은 날이 없었다. 또 집으로 연방 찾아오는 사람도 환영했다.

박제가가 회상한 글로 보면 백동수는 고고하다기보다는 호방한 사람에 가까워 보인다. 영민하고 예민한 제가와는 잘 맞지 않는 듯하다. 그러나 호방은 겉으로 드러난 모습일 뿐 내면은 달랐다.

백동수는 홀로 내 집 문을 두드리곤 했다. 물어보면 달리 갈 데가 없어서 왔다고 대답했다.

자신보다 나이가 일곱 살이나 많은, 야뇌野餒(촌스럽고 굶주린 사람)라는 특이한 이름으로 불렸던 거친 남자에게서 제가는 자신이 찾던 외롭고 쓸쓸하고 고고한 모습을 보았다. 이렇게 해서 15세 소년 제가는 첫 번째 친구를 사귀게 되었다. 제가는 우정을 맺은 증거로 자신의 글씨를 선물했고, 백동수는 이 글씨를 자신의 집에 자랑스럽게 걸어놓았다. 돈을 추구하는 사람에겐 돈만 보이고, 권세를 원하는 사람에겐 권세만 보이고, 고고함으로 가고자 하는 사람에겐 고고함만 보이는 법이다. 당돌한 고고함 그 자체라 할 소년 제가의 글씨에 덜컥 걸려든 토끼 같은 선비 한 명이 있었다. 그의 이름은 이덕무였다.

겉으로 호방해 보이는 백동수와 달리 이덕무는 외유내강이라는 단어를 사람의 모습으로 변환한 꼴이었다. 모르긴 몰라도 백동수와 제가가 친구가 되는 데에는 그리 오랜 시간이 걸리지 않았을 것이다. 이덕무는 달랐다. 그의 고백을 믿는다면 제가의 글씨에 첫눈에 반했음에도 이덕무는 신중, 또 신중을 기했다. 아홉 살 연상인 이덕무가 문명으로 이름이 높았으며 백동수가 이덕무의 처남이었다는 사실관계, 소년 제가가 같은 부류의 친구를 찾기 위해 눈에 불을 켠 상태였다는 여러 가지 상황들을 두루 감안하면 제가 또한 이덕무에 대해 잘 알고 있었을 것이다. 우리의 예민하고 영민한 소년 제가는 이덕무를 '고고클럽'의 회원으로 끌어들이고 싶었다. 하지만 이덕무는 특별하고 조심스러운 사람이라, 백동수와는 다른 방식으로 접근해야 한다는 사실을 본능적으로 깨달았고, 그로 인해 둘의 만남은 이덕무가 글씨에 낚인 지 무려 3년이 지난 후에야 비로소 이루어졌다. 이덕무가 남긴 글을 보면 여전히 신중한 둘의 만남이 우연의 산물인지 미리 계획한 일의 결과인지 파악하기는 매우 어렵다.

내가 다시 백동수의 집을 찾아갔을 때의 일이다. 문밖으로는 남산에서 흘러나오는 시냇물이 넘쳐흐르는데 어느 동자가 점잖은 걸음으로 시내를 따라 북쪽으로 걸어가는 게 보였다. 흰 겹옷에 녹색 띠를 두르고 있었는데 퍽 포부가 있어 보였다. 넓은 이마와 초롱초롱한 눈빛에 온화한 낯빛. 아, 바로 한 사람의 제대로 된 장부였다. 나는 이 사람이 박 씨의 아들일 것이라 짐작하고는 길을 가면서도 계속 그를 주시했다. 동자도 마음에 짚이는 게 있는지 나를 눈여겨보는 듯했다.

고고함과 신중함의 일인자 자리를 놓고 다투던 둘은 3년의 '썸', 내지 '밀땅' 끝에 드디어 백동수의 집에서 만났다. 제가는 시를 지어 건넸다. 이덕무는 아무것도 아닌 척 무심히 질문을 던졌으며 제가 또한 무심을 가장한 대답을 했다. 애초부터 서로에게 끌렸던 둘은 짧은 문답 후 어색한 대치를 포기하고 곧바로 친구가 되었다. 이 우정에 대한 둘의 생각을 차례로 살펴본다. 먼저 이덕무의 생각이다.

제가는 다른 사람을 대할 때면 늘 말이 어눌했지만 나를 만나면 말을 참 잘했다. 나 또한 다른 사람의 말을 들을 때면 이해하지 못하는 게 많았지만, 제가의 말을 들을 때에는 쉽게 이해할 수 있었다. 이와 같으니 제가가 나에게 말을 하지 않으려 한들 어찌 그럴 수 있었겠는가?

이심전심이라는 표현이 저절로 떠오른다. 말이 어눌한데도 말하고 싶어 견디지 못하는 제가의 모습에서 도리어 여태껏 가졌던 외로움의 깊이를 읽을 수 있다. 이덕무는 소년 제가가 바라고 또 바랐던 고고함을 온몸으로 갖춘 보기 드문 사람이었다. 제가의 글이다.

현세에 살면서 숨어 사는 분이여, 먼 옛날 고사의 풍모로다!

아홉 살 많은 이덕무는 소년 제가의 삶에 나타난 나침반이었다. 이덕무를 만난 후 제가는 자신의 공부가 향해야 할 지점을 정확히 깨달았다. 고고함 속에만 머물러서는 결

코 안 되리라. 힘들더라도 현실에 뛰어들어 개혁하는 것 그
것이 내가 할 일이다! 혼자가 아니라 함께! 이덕무가 준 또
하나의 선물은 이덕무가 이미 알고 있던 고고한 친구들이
었다. 고고클럽은 실은 이미 결성되어 있었다! 이덕무를 만
난 후 소년 제가의 행보는 전과는 달리 거침이 없어졌다.
당대 최고의 문제적 인물이라 할 박지원과의 만남이 그렇
다. 제가는 전과는 달리 거절을 조금도 두려워하지 않은 채
주저 없이 박지원을 찾아가 문을 두드렸고 최상의 환대를
받았다.

　　박지원 선생이 문장에 조예가 깊어 당대에 으뜸이라는 말
　　을 듣고, 마침내 백탑의 북쪽으로 가서 찾아뵈었다. 선생
　　께서는 내가 왔단 말을 들으시더니 옷을 걸치며 나와 맞
　　이하시는데, 마치 오랜 친구처럼 손을 잡아주셨다. 마침내
　　당신이 지은 글을 모두 꺼내와 읽게 하셨다. 몸소 쌀을 씻
　　어 솥에 안치시고, 흰 주발에 밥을 담아 옥소반에 받쳐 내
　　오셔서는 잔을 들어 나에게 축복해 주셨다.

　　백탑, 지금도 탑골공원에 존재하는 원각사지 십층석탑을
말한다. 백탑 주위에는 이덕무와 박제가는 물론이고 그들

의 친구였던 유금과 유득공과 서상수와 이서구 등도 살았다. 이제 외로움에서 완전히 벗어난 제가는 "한 번 갔다 하면 돌아오는 것도 잊고 열흘이고 한 달이고 연거푸 머물곤 했다"라고 썼다. 제가에게 친구는 피를 나누지 않은 형제이며, 침상을 같이 쓰지 않는 부부이며, 또 다른 팔과 다리와 머리였다!

19세 소년 제가는 백동수와 이덕무와 박지원을 만난 후 다른 사람이 되었다. 현실과 쉽게 타협하지 않는 고고함을 찾아 헤맸던 그의 외로운 여정은 우정으로 화답을 받았다. 우리는 제가의 문집 곳곳에서 그 우정의 흔적을 생생하게 읽을 수 있다.

> 아내를 맞이하던 날 저녁의 일이었다. 장인댁의 건장한 말을 가져다 안장을 벗기고 올라탄 뒤 어린 종만 따르게 하여 밖으로 나왔다. 달빛은 길에 가득했다. 이현궁 앞을 지나 서편으로 말을 채찍질해 철교의 주막에 이르러 술을 마셨다. 삼경을 알리는 북소리가 울린 뒤 여러 친구들의 집을 두루 들른 후에 탑을 돌아 나왔다.

그렇다면 연이를 보내면서 느꼈던 부조리와 냉정한 조

선의 문제는 어떻게 해결했을까? 그 투쟁의 흔적을 우리는 《북학의》에서 읽을 수 있다. 《북학의》는 한 권의 책이지만, 소년 제가가 고비를 넘기며 훌륭한 어른으로 자랐음을 알려주는 결정적 증거이기도 하다. 무협지 식으로 말하자면 조선과 제가의 대결, 과연 승리한 건 어느 쪽인지 궁금하다면 《북학의》를 활짝 열어 확인해 볼 일이다.

7장

신경증에 시달린 소년

_1773년, 박지원

1773년 6월(1772년일 가능성도 충분하나 우리는 그냥 1773년의 일로 생각하기로 하자) 어느 날 저녁, 까마득한 후배 이서구가 박지원을 찾아왔다. 이서구의 나이는 20세, 지원의 나이는 37세였다. 나이로 보자면 이서구를 다루어야 마땅하다. 그러나 우리의 주인공은 이서구가 아닌 소년, 마흔을 바라보는 늙은 소년 지원이다. 이서구가 목격한 지원의 이날 모습은 가관可觀, 즉 꼴이 볼 만하다는 비아냥거림을 멋지게 표현한 단어로 정리할 수 있다.

사흘을 굶은 어르신은 망건도 쓰지 않았다. 창문에 맨발을 걸치고 누워, 행랑 사람과 말을 주고받았다.

지원은 체격이 크고 더위를 많이 타는 편이었다. 음력 6월은 양력으로는 7월, 혹은 8월이니 비록 저녁이라 해도 낮의 열기가 전혀 가시지 않았을 것이고, 에어컨은커녕 선풍기도 없던 시절이라 지원은 쉬지 않고 땀을 흘렸을 것이다. 지원 본인의 고백에 따르면 그즈음 그는 '게으름에 이골이 나 경조사도 폐하고, 며칠씩 세수도 하지 않았고, 열흘간 망건을 쓰지 않은 적도 있었다'고 하니 몰골과 악취는 인간 이하의 처참 수준이었을 테고. 게으름의 화신이 된 늙은 소년 지원의 일과는 단순했다.

잠에서 깨면 책을 보고 책을 보다가 다시 잠이 들곤 했다. 깨우는 사람이 없으면 어떤 때는 종일 잠에 곯아떨어지기도 했다. 때때로 글을 지어 뜻을 드러내 보이기도 하고, 지겹고 또 지겨우면 새로 배운 구라철사금을 몇 곡조 타기도 했다. 어쩌다가 친구가 술이라도 보내오면 이게 웬 떡, 흥분해서 벌컥벌컥 들이마시고는 흠뻑 취했다.

지난 세기의 한물간 용어로는 '룸펜', 지원이 살던 시대의 모멸적 용어로는 '파락호', 우리가 아는 친숙한 용어로는 '취포생' 실업자의 삶 그 자체다. 룸펜, 혹은 파락호, 혹은 희망과 의욕을 잃은 실업자의 특성 중 하나는 중요한 일은 무심히 외면하고 사소한 일에 지대한 관심을 보이는 것인데 우리의 지원 또한 그랬다. 사흘을 내리 굶다가 문득 정신이 들어 행랑 사람에게 품삯을 지불하고 겨우 밥 한 끼를 얻어먹은 지원은 오래간만에 잔뜩 부른 배를 북처럼 두둥둥 두드리며 행랑 사람과 아이가 벌이는 한판 싸움을 구경하는 중이었다. 그들이 싸우는 이유는 아이의 밥투정 때문이었다.

당해본 사람은 알겠지만, 숟가락과 젓가락을 들었다 놨다, 음식을 깨작거리며 해대는 밥투정이라는 것이 부모의 속을 박박 긁기에는 최적의 행동이어서 참고 또 참다 결국 화가 머리끝까지 솟은 행랑 사람은 시원스레 밥상을 엎은 뒤 아이에게 뒈져버리라는 고금 공통 극강의 욕을 퍼부었다. 말릴 생각 같은 건 아예 없었던 지원은 흐흐 웃으며, 가르치지 않고 꾸짖기만 하면 은혜를 원수로 갚는다네, 따위의 훈계인지 놀림인지 전혀 구분이 가지 않는 문장을 마구 내뱉으며 흐뭇하게 싸움을 감상했다. 이것이 바로 이서구가 지원을 찾아왔을 때의 상황이었다.

며칠씩 세수도 하지 않고 지냈던 데다가 땀과 냄새는 일부러 배양이라도 하듯 온몸 구석구석에서 줄줄 흐르고, 망건도 쓰지 않고 포만감에 게슴츠레해진 눈으로 행랑에서 벌어지는 싸움에 장난기 가득한 말을 툭툭 던지며 희희낙락하는, 더럽고 유치하고 엉망진창인 지원의 모습을 이서구는 날것 그대로 목격했던 것이다. 점잖은 이서구는 (훗날 지원의 아들 박종채는 아버지를 회상하는 글에서 이서구를 등장시키며 '나이가 어렸으나 재주가 몹시 빼어난 데다 침착하고 조용했으며 식견과 도량이 있었다'는 최상급 칭찬의 문장으로 묘사한 바 있다) 아무 말도 하지 않았으나 지켜보는 우리의 입장은 다르다. 이 모습의 지원을 과연 존경할 만한 어른이라고 할 수 있겠는가? 37세라는 적지 않은 나이의 지원을 내가 소년, 그것도 늙은 소년이라는, 약간의 모멸 섞인 칭호로 부른 이유이다.

지원은 1737년 2월 5일 인시(오전 3~5시)에 서울 야동, 지금의 서소문 부근에서 태어났다. 훗날 집안사람 중 한 명이 이 사주를 들고 북경의 점쟁이에게 물었더니 다음과 같은 대답을 얻었다고 한다.

남의 비방을 많이 듣고 산다는 마갈궁에 속하는 사주다.

한유와 소식이 이 사주여서 고난을 많이 겪었다. 반고와 사마천 같은 문장을 타고났지만, 까닭 없이 비방을 당하며 살 것이다.

이 사주라면 소년 허균을 소개하는 자리에서 이미 길게 썼으니 또다시 중언부언하지는 않기로 한다. 요약하자면 문장으로 이름은 얻겠으나 고생길은 훤하겠다는 뭐 그런 정도의 내용이다. 그러나 어린 시절 지원은 이 사주와는 별반 관계없는 삶을 살았다. 남에게 비방받을 만한 일은 전혀 하지 않았던, 문장가가 아닌 공자나 맹자 같은 성인 닮기를 꿈꾸었던, 그야말로 유학계가 차세대 기대주로 손꼽고 자랑할 만한 백 퍼센트 모범 소년이었다. 지원의 아들 박종채의 기록이라는 점이 조금 약점이기는 해도—과장은 분명 섞였겠으나 군이 없는 사실을 창작했다고 볼 이유 또한 없겠다—딱히 다른 자료가 없으니 모범 중의 모범 사례를 몇몇, 조심스럽게 인용하겠다.

서너 살 때 이미 옛사람을 본받았다. 더울 때는 부모의 베개 옆에서 부채질을 하셨고, 추울 때는 이부자리를 미리 따뜻하게 데우셨다.

증조부께서 경기도 관찰사가 되셨을 때의 사연 하나. 경기 감영(이름에서 떠올리게 되는 우리의 선입견과는 달리 지금의 적십자 병원 근처였다)에서 집까지의 거리가 조금 멀었는데 하인을 거느리지 않고 혼자 왕래하며 문안을 드렸다. 증조부께서 이사를 생각하시자 나귀를 타고 가서 새집을 보고 돌아와서는 대청과 사랑의 방향, 집의 칸수 등을 정확히 여쭈었는데 하나도 틀린 곳이 없었다. 5세 때의 일이다.

증조부께서는 청렴결백하고 근검절약하셨으며 집안일에 마음을 쓰지 않으셨다. 마을 소년 십여 명이 아버지(지원)를 따라 함께 공부했다. 아버지는 이들에게 지시하여 뜰 가운데 서너 개의 서까래를 세우게 했다. 목수를 부리지 않고 눈썰미로 측정해 집을 완성하셨다.

나이를 먹을수록 신체와 정신이 자라듯 미담의 크기 또한 커진다. 마지막 사례는 정말 그럴까 하는 의심이 분수처럼 마구 솟구치지만, 아버지의 옛이야기를 정성 들여 채집한 박종채의 성의를 생각해 일단은 액면 그대로 믿기로 한다. 아무튼, 요약하자면 10세 전후까지 지원은 예의 바르고 총명한, 유교적 충효의 관점에서 보았을 때 흠잡을 데 없는 완벽한 소년이었다. 아버지 대신 조부가 배경으로 등장하는 점이 흥미로울 수 있겠다. 지원의 아버지 박사유는 평생 직업을 가져본 적이 없었기에 경기도 관찰사, 대사간 등을 역임한 조부 박필균이 가문의 대표로 등장한 것이다. 이유는 간단하다. 그래야 이야기가 더 근사해지기에.

이렇듯 훌륭했던 소년 지원이 십 대 중반, 조금 더 시기를 좁혀 말하면 16세에 관례를 치르고 결혼을 한 후부터 조금 달라진다. 지원에게 장인 이보천은 처음 만난 스승이나 다름없었다. 그전까지 이렇다 할 언급이 없는 점으로 볼 때 지원은 일정한 스승 없이 홀로 공부를 했던 것으로 보인다. 지원은 장인에게 《맹자》를 배웠고, 이보천의 아우인 이양천에게 《사기》를 배웠고, 장인의 친구인 이윤영에게 《주역》을 배웠다.

똑똑한 지원은 가르침이 더해지자 곧 눈부신 성취를 이루었다. 이보천은 '재기가 범상한 아이들과 다르니 훗날 반드시 큰 사람이 될 것'이라고 했고, 이양천은 '반고와 사마천과 같은 글솜씨를 지녔다'고 했고, 이윤영은 '주역을 함께 읽을 수 있는 세상에 몇 안 되는 사람'이라는 극찬을 남겼다. 그러나 빛이 강하면 그늘도 짙은 법, 사람들의 염려를 자아내는 행동 또한 이즈음 처음으로 모습을 드러내기 시작한다. 앞서 인용한 이보천의 문장에는 '그러나'로 이어지는 염려 섞인 내용이 들어 있다.

> 그러나 악을 지나치게 미워하고 뛰어난 기상이 너무 드러나 그게 걱정이다.

아버지를 존경했고 직접 아버지를 경험했던 박종채는 지원의 이런 성향을 부드럽게 풀어서 설명한다.

> 아버지는 어릴 적부터 말과 의론이 엄격하셨다. 겉으로만 근엄하고 속마음은 그렇지 못한 자나 권력의 부침에 따라 아첨하는 자들을 보면 참지 못하셨다. 이 때문에 평생 남의 노여움을 사고 비방을 받는 일이 무척 많았다.

이보천과 박종채의 말과 문장을 종합하면 이 시기 지원의 상태를 꽤 정확히 파악할 수 있다. 유난히 똑똑한 데다 모범에 대한 지향성이 강했던 원칙주의자 박지원은 당연히 성인聖人을 꿈꾸었을 것이고 그런 그의 눈에 보통 사람들의 행동은 눈에 차지 않았을 것이다. 지원은 유학을 공부한다고 떠들어 대면서도 겉과 속이 다른 세태, 즉 자신의 이익을 위해 유교 경전이 제시하는 삶의 원칙에 어긋난 행동을 마구 일삼는 이들을 거의 강박증적으로 경멸하기 시작했다.

앞서 장인 이보천은 지원의 이런 강박증, 혹은 결벽증에 염려를 표했으나 사실 이보천은 지원의 증상을 악화시킨 당사자이기도 하다. 무슨 말인가 하면 이보천과 이양천, 이윤영은 모두 노론 청류라 불리는 그 시대 최고의 비타협주의자들이었던 것. 부연해 설명하자면 오늘날 국사 교과서에서 열렬히 칭찬하는 영조의 탕평책을 권세에 빌붙는 가짜 선비를 양산하는 최악의 정책이라 비판하며 정계에도 나서지 않았던 골수 노론 당파주의자들이었다.

박지원이 이들의 영향을 받은 흔적은 곳곳에 나타난다. 박지원은 장인 이보천을 진정한 스승으로 여기고 존경했다. 조금 길지만, 훗날 아들 박종채에게 했던 회상의 말을 그대로 옮긴다.

유안공(이보천)께서는 만년에 시골집에 계시면서도 종종 밤에 잠을 이루지 못하고 수십 수백 년 후의 국가 장래를 걱정하셨다. 향리에 있으면서도 임금을 잊지 않은 분이라 할 만하다. 늘 나더러 자취를 감춰 은둔하라고 타이르면서 말씀하셨다. "선비가 과거를 포기하고 벼슬을 단념한 채 자기 한 몸을 깨끗이 하기 위해 향리로 돌아간다 해도 임금을 섬기는 충성스러운 마음이 달라지는 건 아니다."

요약하자면 세상이 가짜 선비들로 가득할 때는 물러서는 것 또한 임금을 향한 도리라는 뜻, 바꿔 말하면 노론 청류의 색깔을 고수하며 탕평책에 반대하는 자신들이야말로 진짜 선비라는 뜻이다. 지원이 사마천을 평생 존경하게 된 건 이양천의 영향이며, 이윤영의 아들인 이희천과는 일평생 깊은 우애를 맺었다. 그렇다면 당사자인 지원의 속마음은 어땠는지 한 번 유추해 보기로 하자. 지원의 마음에 세태를 반대하는 그 한 가지 마음만이 있었을까? 그렇지는 않다. 17세, 혹은 18세 나이의 영민하고 모범에 대한 강박증을 지닌 소년 지원 앞에는 정반대의 두 갈래 길이 놓여 있었다. 과거에 급제해 관리가 되어 임금에게 충성하는 출사의 길, 자취를 감춰 은둔함으로써 도리어 임금에게 충성하는 처사의 길.

현실과 어쩔 수 없이 타협해야만 하는 출사를 택하자니 처사의 길이 아른거렸고 원리원칙대로의 삶인 처사를 택하자니 출사에 대한 미련이 남았다. 겉으로는 한없이 강해 보였던 지원은, 실은 무척 예민한 감성을 지닌 소년이었다.

두 갈래 길에서 고민하고 또 고민하던 지원은 요즈음이었다면 신경증이라고 불렀을 병에 걸리고 만다. 우리로서는 다행히도 지원은 〈민옹전〉이라는 글에서 이 시기 자신의 병에 대해 상세하게 밝히고 있다.

> 1753년과 1754년 사이, 내 나이 열일고여덟 살 적에 나는 오랜 병으로 몹시 지쳐 있었다. 그래서 가곡이라든가, 글씨와 그림, 옛날 칼과 거문고와 골동품 등 여러 잡물에 취미를 붙였다. 나아가 사람들까지 불러들여 우스갯소리나 옛날이야기로 마음을 달래려고 백방으로 노력해 보았으나, 답답함을 풀지는 못했다.

지원의 고백은 오랜 기간 그를 곁에서 지켜보았던 처남 이재성이 박종채에게 들려주었던 증언과도 정확히 일치한다.

> 네 아버지(지원)는 스무 살 남짓해서 불면증으로 시달린 적이 있으셨다. 밤낮 한숨도 주무시지 못하는 날이 혹 사나흘씩이나 계속된 적도 있는데, 보는 이들이 몹시 걱정했다.

두 발언을 종합해 보면 지원의 증상은 현대 기준으로 보아도 꽤 심각했던 것이 분명하다. 두 갈래 길에서 좀처럼 결정을 내리지 못했던 지원은 진로를 결정하지 못한 상황이 유발한 심리적 스트레스에서 쉽게 벗어나지 못했다. 정신과 의사가 없던 시절이었기는 해도 지원의 문제가 마음에 있다는 사실만큼은 확실했으므로 모두 발 벗고 유사 정신과 의사를 찾아 나섰는데 이 과정에서 무척 재미있는 인물이 가족의 레이더망에 포착된다.

그 사람의 이름은 민유신이었는데, 민옹이라는 이름으로 더 유명했다. 엄밀히 말하면 민옹은 이름은 아니다. 민씨 노인이라는 뜻으로, 지원을 만났을 당시 민옹의 나이는 73세였다. 오랜 경력의 정신과 의사치고 민옹의 이력은 보잘것없었다. 어찌어찌해 젊은 시절 무관 직위를 얻었던 게 관직의 전부였고, 가곡을 잘 부르고 기묘한 이야기를 잘한다는 세부 진료 항목을 살펴보면 의료인이라기보다는 종합예술인에 더 가까웠다.

지원의 방을 찾은 민옹은 다짜고짜 무슨 병에 걸렸느냐고 묻고, 민옹의 종합예술인적인 실체를 아직은 잘 몰랐던 지원은 자신을 괴롭히던 병의 두 가지 증상, 즉 불면과 식욕부진을 털어놓는다. 지원의 대답을 들은 민옹의 반응이 걸작이다.

병이 아니라 축하받아야 할 일일세. 그대는 집이 가난한데 다행히도 밥 먹기를 싫어하니 재산이 남아돌 게고, 잠을 못 잔다면 밤까지 겸해 사는 것이니 남보다 두 배를 사는 셈이야.

나쁘게 말하면 소피스트들의 궤변, 좋게 말하면 긍정심리학 대가의 발언처럼 들린다. 아무튼, 병이 아니란 말로 지원을 안심시킨 민옹은 기발한 방법으로 지원의 두 가지 증상을 단번에 해결한다. 프로이트나 소크라테스조차 명함도 못 내밀 만한 놀라운 치료법이라고, 나는 생각한다.

잠시 후 밥상이 들어왔다. 나는 신음소리를 내며 인상을 찌푸리고 음식을 들지 못한 채 이것저것 집어서 냄새만 맡았다. 옹이 갑자기 크게 화를 내며 일어나 가려고 했다. 이유를 물었더니 이렇게 대답했다.

"그대가 손님을 초대하고는 내 음식은 차려 내오지 않고 혼자만 먹으려 하니 예의가 아닐세."

나는 사과하고 옹을 주저앉힌 뒤 음식을 차리게 했다. 밥상이 들어오자 옹은 조금도 사양하지 않고 팔뚝을 걷어 올린 다음 수저를 시원스레 놀려 먹었다. 그걸 보니 나도 모르게 입에서 군침이 돌고 막혔던 가슴과 코가 트이면서 마침내 예전과 같이 밥을 먹게 되었다.

밤이 되자 옹은 눈을 내리감고 단정히 앉아 있었다. …… 한참 후 옹이 갑자기 일어나 촛불의 심지를 돋우며 말했다. "내가 어릴 적에는 책에 눈길만 한 번 스쳐도 바로 외워버렸는데 지금은 늙어버렸소. 평소에 못 본 글을 각자 두세 번 속으로 읽고 나서 외워보기로 하면 어떻겠소? 한 자라도 틀리면 벌을 받기로 하고."

설마 늙은 그에게 질까 싶어 나는 그렇게 하자고 대답했다. 나는 서가에서 《주례》를 뽑았다. 옹은 〈고공기〉 편을 집어 들었고, 나는 〈춘관〉 편을 집어 들었다. 조금 후 옹이 외쳤다.

"나는 다 외웠네."

나는 아직 다 읽지도 못했으므로 깜짝 놀라 옹에게 잠시만 기다려 달라고 했다. 하지만 옹이 자꾸 말을 걸어 몹시 피곤하게 만드는 바람에 외울 수가 없었다. 그러는 사이에 졸음이 와 그만 잠이 들고 말았다.

민옹의 기이한 치료는 계속되었다. 민옹은 특유의 장황하고 엉뚱하면서도 촌철살인의 뜻을 담은 기이한 이야기로 지원의 마음을 치유했다(궁금한 분은 〈민옹전〉을 읽어보기 바란다. 재미는 보장한다). 비록 완치에 이르지는 못했어도— 신경증의 완치란 현대의학으로도 불가능하므로—지원의 증세는 호전되었다. 엉뚱하고 거침없는 민옹의 치료법 덕분이었다. 지원의 기록에 따르면 신경증은 20세 때 다시 도졌다. 그러나 이때는 민옹의 도움을 받을 수 없었다. 민옹이 세상을 떠났기 때문이었다. 민옹의 죽음은 지원 스스로 자신의 문제를 해결해야 한다는 것을 뜻했다. 출사와 처사, 타협과 원칙의 갈림길에서 극도의 스트레스를 받으며 고민하던 지원은 과연 어떠한 선택을 했을까?

성균관의 과거 시험장에 들어가면 반드시 한유와 두보의 시를 본뜬 글을 지으셨는데 기이하고 뛰어나 읽을 만했으므로 친구들이 특이한 구절을 외워 전하곤 했다. 그러나 왕왕 한 편의 글을 다 짓지 않은 채 빈 답안지를 내고 나와버리곤 하셨다. 아버지께서 과거 시험의 합격 여부에 별로 관심을 두지 않으셨던 건 젊은 시절부터의 버릇이었다.

아버지는 어떤 때에는 응시하지 않았고 어떤 때는 응시는 하되 답안지를 제출하지 않으셨다. 하루는 과거 시험장에서 고송과 괴석을 붓 가는 대로 그리셨는데, 당시 사람들은 아버지를 어리석다고 비웃었다. 그러나 이는 과거 보는 일을 달갑게 여기지 않는다는 사실을 보여주기 위함이었다.

박종채의 기록을 보면 갈등하던 지원은 결국 처사의 길을 택한 것으로 보인다. 하지만 속으로는 이미 결정을 내렸으면서도 과거 시험장에 여러 차례 출입했으며 다른 사람들 앞에서 광인처럼 행동했다는 점은 내부 분열이 완전히 봉합되지 않았다는 사실을 시사한다.

그런데 지원에게는 다행히도 그 와중에 전혀 뜻하지 않았던 세 번째 길이 슬며시 모습을 드러냈으니 그것은 바로 문장가의 길이었다(사주도 때론 놀랍다!). 지원은 문장에 심취, 어느 정도 이름을 얻었고, 마음이 통하는 친구들도 여럿 사귀었다. 그런데 세 번째 길은 독자적인 생존을 완전하게 보장해주지는 못한다는 점에서 볼 때(예나 지금이나 글을 쓰는 건 직업이라기보다는 혼자서 시간을 보내는 전문적 취미 생활에 가깝다) 독립적인 길이라 보기는 어려웠고, 비유해 말하자면 첫 번째 길과 두 번째 길에 어중간하게 걸쳐져 있는, 일종의 한시적인 유예의 길이었다. 그렇기는 해도 출사를 둘러싼 소년 지원의 결정은 이로써 어느 정도 마무리가 되었고 뜻을 같이하는 친구들까지 사귄 덕분에 그를 집요하게 괴롭혔던 신경증도 안녕, 인사도 없이 슬며시 내부로 사라졌을 것이다. 그러나 어설픈 봉합은 문제를 일으키기 마련이다. 1771년 5월 그의 나이 35세 때 지원은 충격적인 소식을 접한다. 둘도 없는 친구 이희천이 사형장에서 생을 마감했다는 것이다.

> 이희천을 장전帳殿(임금이 앉도록 임시로 꾸민 자리)에서 세 차례 끌고 다니며 욕을 보였다. 그런 후 훈련대장을 시켜 청파교에서 목을 치게 했다. 강변에 3일 동안 머리를 달아 놓았고, 처와 자식은 관노비로 만들어 흑산도로 보냈다.

이희천의 죽음이 지원에게 얼마나 큰 충격이었는지는 그의 죽음에 대한 첫 언급이 3년 후인 1774년에야 겨우 등장한다는, 그것도 다른 이의 죽음을 추모하는 과정에서 조심스럽게 등장한다는 사실을 통해 짐작할 수 있다.

> 나는 내 친구 이희천이 죽고부터 다시는 남과 사귀고 싶지 않았다. 아울러 경조사도 폐했다. 평소 친하게 지내던 친구 유언호나 황승원 같은 이들이 벼슬길에서 어려움을

만나 바닷가 섬에 귀양을 가, 다 죽게 되었는데도 위로하
는 편지 한 글자 쓴 적이 없다. …… 나는 버려지거나 절
교당하는 것을 감수했다. 나더러 미치광이에 바보라고 해
도 원망하지 않았다.

지원의 고백에서 기시감이 느껴진다면 제대로 읽은 것이
다. 일 년 전 지원은 스스로에 대해 '게으름에 이골이 나 경
조사도 폐하고, 며칠씩 세수도 하지 않고, 열흘간 망건을
쓰지 않은 적도 있었다'고 말한 바 있었던 것. 이희천이 죽
은 것은 1771년이었고, 지원이 룸펜, 파락호, 실업자의 삶
을 살던 것은 1773년이었고, 이희천의 죽음을 회상하는 글
을 쓴 것은 1774년이었다. 이러한 연대로 살펴볼 때 1773
년의 완전히 망가졌던 생활은 이희천의 죽음에 대한 지원
의 내적 반응, 즉 17~18세 때, 그리고 20세 때의 신경증이
형태를 달리해 나타난 것이라고 봐야 한다. 1774년의 글은
신경증이 어느 정도 치유된 상황, 즉 좌절의 우물에 빠졌던
마음이 두 손 두 발 다 동원해 간신히 우물에서 기어 나온
단계에 있을 때 나왔을 테고. 그렇다면 37세의 늙은 소년
지원은 불의한 세상이 그에게 가한 기습 공격의 고통을 어
떻게 이겨냈을까? 나는 이서구와의 만남에서 그 단서를 얻

는다.

　점잖은 이서구는 더럽고 유치하고 엉망진창인 지원을 보고도 아무 말도 하지 않았다고, 앞서 말한 바 있다. 그랬다. 이서구는 지원의 모습에 이러니저러니 입을 열지 않았다. 대신 그는 지원과 함께 방으로 갔고, 마치 다른 사람으로 변신한 것처럼 깨끗이 옷을 갈아입고 나타나 조금 전 추태는 잊고 고금의 정치 및 문장의 유파 및 당론의 동이 등에 대해 거침없이 논하는 지원의 말을 조용히 경청했다. 자정 즈음 촛불이 꺼졌다. 깊은 어둠. 잠시의 침묵. 여태껏 듣기만 했던 이서구는 지원에게 문득 옛 추억 하나를 꺼내 보인다.

　　지난날 어르신께서는 저와 한동네에 사셨지요. 어느 눈 오는 밤 제가 어르신을 찾아뵌 일을 혹시 기억하십니까? 어르신은 저를 위해 직접 술을 데우셨고 저는 손으로 떡을 집어 질화로에 굽는 참이었는데, 불기운이 솟구쳐 제 손이 너무 뜨거운지라 자꾸 재 속에 떡을 떨어뜨렸지요. 그걸 보고 어르신께서는 무척 즐거워하셨습니다.

　신경증이 별로 심하지 않은 때의 지원은 호탕하면서도

다정한 구석이 넘치는 사람이었다. 이서구의 회상은 지원이 자신에게 밥을 지어주었다는 박제가의 증언과도 일치한다. 그런데 이서구는 많고 많은 이야기 중에 왜 하필 예전의 사소하기 그지없는, 보기에 따라서는 몹시 싱거운 추억을 꺼내 든 것일까? 20세 이서구는 나이에 비해 성숙한, 어쩌면 이미 어른이었던 사람이었다고 나는 생각한다. 지원의 장광설을 끊지 않고 다 들어준 것이 그 증거고, 옛 시절 일화를 꺼낸 뒤 덧붙인 한 마디가 그 증거다.

몇 년 새에 어르신의 머리는 벌써 허옇게 세고 저는 수염이 무성해졌습니다.

이서구의 이 말을 '세월이 참 빠르게 흘렀습니다 하는 표현이로군' 하고 심상하게 해석할 사람은 없을 것이다. 37세의 박지원이 머리가 과연 허옇게 변했을 정도로 늙었을까? 20세 이서구의 수염이 과연 무성하다고 말할 수 있을 정도로 자랐을까? 설령 외면의 변화가 사실이라 하더라도 이서구의 말뜻은 바뀐 외모와 빠르게 흐른 세월에 대한 지적에 있지 않다. 지금 이서구는 지원에게 자신의 모습을 돌아보라는 말을 하는 것이다. 다른 말로 하면 병을 방치하지 말

고, 병에 끌려다니지 말고, 싸워서 이겨내라는 요구를 하는
것이다. 그렇기에 이서구가 다음으로 쓴 문장은 더 의미심
장하다.

이 말끝에 서로 한참을 서글퍼했다.

이서구가 돌아간 후 지원이 무슨 생각을 했는지 우리로
서는 정확히 알기 어렵다. 다만 그로부터 13일 후에 쓴 글
에서 그의 마음 한 조각만 읽을 수 있을 뿐.

낙서(이서구)는 어려서부터 내 집에 손님이 날마다 가득
들어찬 것과 내가 세상에 뜻을 두었던 것을 지켜본 바 있
다. 그렇건만 이제 내 나이 채 마흔이 못 되어 이미 머리가
허옇게 세었으니 이 때문에 낙서는 자못 그 서글픈 느낌
을 적었다. 하지만 나는 이미 병들고 곤궁한 데다 기백은
쇠락하였으며, 덤덤하니 세상사에 뜻이 없어 더는 예전 같
지가 않다.

표면적으로 보았을 때 지원의 상태는 전혀 좋아지지 않
은 것 같다. 기백은 쇠락했으며 세상사에 뜻이 없다는 문장

속에서 지원이 느꼈던 절망의 크기가 드러난다. 그러나 병은, 특히 신경증은 자신이 병에 걸렸다고 인식하는 자체가 중요하다. 이서구를 만나기 전의 지원이 그저 분노를 넘어선 절망에 몸을 맡긴 상태였다면 이서구를 만난 후의 지원은 절망의 실체를 객관적으로 보기 시작하고 있다. 분명 지원은 앞으로 한 걸음 나아간 것이라고 나는 믿는다. 증거도 없이 말하는 건 물론 아니다.

초가을 열사흗날 밤에 박성언(박제도)이 이성위(이희경) 및 그 동생 이성흠(이희명), 원약허(원유진), 여군, 정군, 동자 현룡과 함께 이무관(이덕무)의 집에 들렀다가 무관을 데리고 나를 찾아왔다. 마침 그때 참판 서원덕(서유린)이 먼저 와 자리하고 있었다.

연구에 따르면 이 글은 1773년경에 창작되었다고 한다. 초가을이라고 했으니 이서구가 방문한 후 두세 달 후의 일이라는 추론이 가능하다. 친구들이 들이닥쳤을 때 지원은 참판 서유린과 대화를 나누고 있었다는 것이 인용한 글의 내용이다. 변모한 지원의 모습이 가장 먼저 눈에 들어온다. 경조사도 폐하고 손님이 와도 입도 열지 않던 지원이 사람들에게 마음의 문을 열기 시작했음을 알 수 있다. 이 글에서 또 하나 흥미로운 점은 박제도 등의 무리와 서유린이 은연중에 대비된다는 사실이다. 무슨 말이냐 하면 박제도 등은 대부분 실업자였고, 서유린은 참판이라는 직위에서 보듯 성공한 관료였다. 지원을 오랫동안 갈등하게 만들었던 두 갈래 길이 다시 선택을 강요하며 여기에 펼쳐져 있는 것이다. 지원은 어느 쪽을 선택했을까?

> 마침내 자리에서 일어나 동자를 데리고 거리로 나갔더니 성언이 나를 보고 이렇게 나무랐다.
> "어이구 이 화상아, 달 밝은 밤 어른이 찾아갔으면 술을 준비해 환대하지는 못할망정 귀인만 붙들고 이야기하면서 어른을 밖에 한참이나 서 있게 한단 말인가?"
> 내가 생각이 짧았음을 사죄하자 성언은 주머니에서 50전을 꺼내 술을 샀다.

이날 밤 지원을 비롯한 실업자 무리는 운종가, 즉 지금의 종로 거리를 누비며 술을 마셨고, 술 마신 이들이 그렇듯 난동에 가까운 행동을 안주로 삼았다. 책을 좋아하는 얌전하고 고매한 선비로 널리 알려진 이덕무가 개의 이름을 부르며 야단법석을 치는 희귀한 장면 또한 확인할 수 있다. 이들이 마지막으로 찾은 장소는 수표교였다. 자정도 이미 훌쩍 넘긴 시각, 달빛과 별빛과 구름과 이슬과 산그늘이 떠들썩하던 이들을 침묵하게 했다. 이 광경을 지원은 이렇게 묘사한다.

> 달은 바야흐로 서쪽으로 기우는데 참으로 발그레하고, 별빛은 더욱 반짝거려 둥글고 크게 보이는 게 마치 얼굴에 쏟아질 듯했다. 이슬은 무거워 옷과 갓이 다 젖었으며, 흰 구름이 동쪽에서 일어나 비껴 흐르다 천천히 북쪽으로 가는데 도성 동쪽의 푸른 산 기운은 더 짙었다.

소년, 병을 떨치고 일어난 늙은 소년 지원이 본 밤 풍경은 아름다웠다. 그러나 마냥 아름다운 것만은 아니어서 이슬과 구름과 그늘을 감수해야만 하는 길이었다.

지원의 신경증은 완치되는 병은 결코 아니었다. 모르긴 몰라도 죽는 날까지 곁에서 머무르다가 지원의 마음이 흔들리면 수시로 얼굴을 드러내 그를 괴롭혔을 것이다. 연암협으로의 잦은 은거가 그 증거일 터. 나는 연암협이 지원에게는 도피의 장소이자 치유의 공간이었다고 생각한다. 민옹이나 이서구가 했던 역할을 중년 이후에는 연암협이 담당했다고 생각한다. 연암협은 스스로 찾아낸 휴양 병원 같은 곳이었던 것.

연암협 덕분이었을까, 살면서 얻은 지혜 덕분이었을까, 이후 출사의 길과 처사의 길을 교대로 걸으면서도 지원은 소년 시절처럼 극심한 증상에까지는 이르지 않았다. 그 이유는 간단하다. 이서구를 만난 이후 지원은 늙은 소년이 아니라 한 명의 성숙한 어른으로 다시 태어났으므로. 성숙한 어른 지원이 개성에서 만난, 자신과 너무나 유사한 삶을 살던 양인수—겉으로는 한없이 게을러 보이나 실은 세상에 상처받고 방에 틀어박힌 또 다른 소년!—를 위해 쓴 글이 우울하고 우스우면서도 따뜻한 이유일 것이다.

> 양군은 성품이 게으르고, 깊은 곳에 거처하길 좋아하는데 권태로워지면 문득 발을 내리고 몸 기대는 의자 하나, 거문고 하나, 검 하나, 향로 하나, 술병 하나, 다관 하나, 고서화 두루마리 하나, 바둑판 하나가 있는 사이에 벌렁 드러눕는다. …… 손님이 찾아와 문 가까이 온다. 발이 조용히 드리워져 있고, 꽃잎이 뜰에 가득하며 풍경이 저절로 운다. "인수, 인수!" 하고 손님이 주인의 이름을 서너 번 부르

면 양군은 그제야 일어나 앉아 나무 그늘과 처마 그림자를 바라본다. 해는 아직도 서산에 걸려 있다.

참고문헌

1장. 홀로 바다를 건넌 소년 _868년, 최치원

《삼국사기》

최치원, 김수영 편역, 《새벽에 홀로 깨어》, 돌베개, 2008.

_____, 이상현 옮김, 《고운집》, 한국고전번역원, 2009.

2장. 과거에 거듭 실패한 소년 _1183년, 이규보

이규보, 김하라 편역, 《욕심을 잊으면 새들의 친구가 되네》, 돌베개, 2006.

_____, 서정화 옮김, 《봄 술이나 한잔하세》, 태학사, 2009

김용선, 《생활인 이규보》, 일조각, 2013.

3장. 학자와 관리 사이에 방황한 소년 _1524년, 이황

이황, 김대중 편역, 《도산에 사는 즐거움》, 돌베개, 2008.

_____, 이광호 옮김, 《퇴계집》, 한국고전번역원, 2017.

금장태, 《퇴계의 삶과 철학》, 서울대학교출판부, 1998.

이상은, 《퇴계의 생애와 학문》, 예문서원, 1999

정순목, 《퇴계 평전》, 지식산업사, 1987.

한형조 독해, 《성학십도, 자기 구원의 가이드맵》, 한국학중앙연구원, 2018.

4장. 아버지를 원망한 소년 _1554년, 이이

이이, 김태완 옮김, 《율곡집》, 한국고전번역원, 2013.

금장태, 《율곡 평전》, 지식과교양, 2011.

이종호, 《율곡》, 지식산업사, 1994.

한영우, 《율곡 이이 평전》, 민음사, 2013.

5장. 죽음을 일찍 깨달은 소년 _1592년, 허균

허균, 김풍기 옮김, 《누추한 내 방》, 태학사, 2003.

____, 정길수 편역, 《나는 나의 법을 따르겠다》, 돌베개, 2012.

김풍기, 《독서광 허균》, 그물, 2013.

심경호, 《내면기행》, 이가서, 2009.

허경진, 《허균 연보》, 보고사, 2013.

_____, 《허균 평전》, 돌베개, 2002.

6장. 부당한 차별에 눈물을 쏟은 소년 _1761년, 박제가

박제가, 안대회 옮김, 《궁핍한 날의 벗》, 태학사, 2000.

_____, 정민 외 옮김, 《정유각집》, 돌베개, 2010.

실시학사 편, 《초정 박제가 연구》, 사람의무늬, 2013.

이덕무, 강국주 편역, 《깨끗한 매미처럼 향기로운 귤처럼》, 돌베개, 2008.

임용한, 《박제가, 욕망을 거세한 조선을 비웃다》, 역사의아침, 2012.

7장. 신경증에 시달린 소년 _1773년, 박지원

박지원, 신호열 외 옮김, 《연암집》, 민족문화추진회, 2005.

박종채, 박희병 옮김, 《나의 아버지 박지원》, 돌베개, 1998.

박희병, 《연암을 읽는다》, 돌베개, 2006.

정민, 《비슷한 것은 가짜다》, 태학사, 2000.

소년少年, 어른이 되다
역사가 된 7인의 청춘 분투기

초판 1쇄 발행 2021년 6월 24일 **초판 2쇄 발행** 2021년 11월 24일

지은이 설흔
펴낸이 이승현

편집2 본부장 박태근
지적인 독자 팀장 송두나
편집 김남철
디자인 윤정아

펴낸곳 ㈜위즈덤하우스 **출판등록** 2000년 5월 23일 제13-1071호
주소 서울특별시 마포구 양화로 19 합정오피스빌딩 17층
전화 02) 2179-5600 **홈페이지** www.wisdomhouse.co.kr

ⓒ 설흔, 2021

ISBN 979-11-91583-96-0 43910